CURSO DE ESPAÑOL PARA EXTRANJEROS

nuevo

avanzado

LIBRO DEL ALUMNO

ele

Virgilio Borobio
Ramón Palencia

Proyecto didáctico

Equipo de E/LE de Ediciones SM

Autores

Virgilio Borobio
Ramón Palencia

Diseño de cubierta

Esteban García
Alfonso Ruano

Maqueta

José Manuel Pedrosa

Fotografías

F. Bouillot; A. R. Szalay; AISA; Amanda Clement; C. Cuthbert / AGE FOTOSTOCK; Andrew Ward; Carl Lyttle; CD GALLERY; CMCD; Collin Paterson; G. Bartoli / CORDON PRESS; D. Kirkland, E. Macduff / CORBIS; Damm / FOTOTECA 9x12; David Toase; Diego Lezama; DIGITALVISION; N. Klomfass / EFE; Gabriel Echevarría; Geoff Manasse; Javier Calbet; José Vicente Resino; Luis Castelo; María Galán; Mickael David; Mónica Lau; P. Nanda - B. Andrea; Peter Menzel / ASA; PHOTOALTO; S. Aznar / PRISMA; STOCK BYTE; STOCK PHOTOS; Tom Weber / CD GALLERY; Vicky Kasala; RADIAL PRESS; Sonsoles Prada; Steve Cole; PHOTOLINK; Kevin Peterson; MARCO POLO; Frank Johnston; Doug Menuez; ALBUM; IMAGESOURCE; Ryan McVay; Archivo SM

Ilustración

Ángel Sánchez Trigo

Coordinación técnica

Araceli Calzado
Pilar Lozano

Coordinación editorial

Susana Gómez
Carmen Llanos

Dirección editorial

Concepción Maldonado

Instituto
Cervantes

Este método se ha realizado de acuerdo con el Plan Curricular del Instituto Cervantes, en virtud del Convenio suscrito el 27 de junio de 2002.

La marca del Instituto Cervantes y su logotipo son propiedad exclusiva del Instituto Cervantes.

Comercializa

Para el extranjero:
Grupo Editorial SM Internacional
Impresores, 15 Urb. Prado del Espino
28860 Boadilla del Monte - Madrid (España)
Teléfono: (34) 91 422 88 00
Fax: (34) 91 422 61 09
internacional@grupo-sm.com

Para España:
CESMA, SA
Joaquín Turina, 39
28044 Madrid
Teléfono: 902 12 13 23
Fax: 902 24 12 22
clientes@grupo-sm.com

introducción

ELE avanzado es un curso comunicativo de español dirigido a estudiantes adolescentes y adultos de nivel avanzado, concebido con el objetivo de ayudar al alumno a consolidar y desarrollar su nivel de competencia lingüística y comunicativa.

Se trata de un curso centrado en el alumno, que permite al profesor ser flexible y adaptar el trabajo del aula a las necesidades, condiciones y características de los estudiantes.

Se apoya en una metodología motivadora y variada, de contrastada validez, que fomenta la implicación del alumno en el uso creativo de la lengua a lo largo de su proceso de aprendizaje. Sus autores han puesto el máximo cuidado en la secuenciación didáctica de las diferentes actividades y tareas que conforman cada lección.

Tanto en el libro del alumno como en el cuaderno de ejercicios se ofrecen unas propuestas didácticas que facilitan el aprendizaje del estudiante y lo sitúan en condiciones de abordar con garantías de éxito situaciones de uso de la lengua, así como cualquier prueba oficial propia del nivel al que **ELE avanzado** va dirigido (D.E.L.E., escuelas oficiales de idiomas, titulaciones oficiales locales, etc.).

El libro del alumno está estructurado en tres bloques, cada uno de ellos formado por cuatro lecciones más otra de repaso. Las lecciones giran en torno a uno o varios temas relacionados entre sí.

En la sección "Descubre España y América Latina" se tratan aspectos variados relacionados con los contenidos temáticos o lingüísticos de la lección. Las actividades propuestas permiten abordar y ampliar aspectos socioculturales de España y América Latina, complementan la base sociocultural aportada por el curso y posibilitan una práctica lingüística adicional.

Todas las lecciones presentan un cuadro final ("Recuerda") donde se enuncian las funciones comunicativas tratadas en ellas, con sus correspondientes exponentes lingüísticos y aspectos gramaticales.

Al final del libro se incluye un resumen de todos los contenidos gramaticales del curso ("Resumen gramatical").

así es este libro

Presentación

Al comienzo de cada lección se especifican los objetivos comunicativos que se van a trabajar. La presentación de los contenidos temáticos y lingüísticos que abre cada lección (gramática, vocabulario y fonética) se realiza con el apoyo de los documentos y técnicas más adecuados a cada caso. En las diferentes lecciones se alternan diversos tipos de textos, muestras de lengua, diálogos, fotografías, ilustraciones, cómics, etc. La activación de conocimientos previos y el desarrollo del interés de los alumnos por el tema son objetivos que también se contemplan en esta fase inicial.

Práctica de contenidos

A continuación, se incluye una amplia gama de actividades significativas y motivadoras mediante las cuales el alumno va asimilando de forma progresiva los contenidos temáticos y lingüísticos necesarios para alcanzar los objetivos de la lección. Muchas de ellas son de carácter cooperativo y todas han sido graduadas de acuerdo con las demandas cognitivas y de actuación que plantean al alumno. Esas actividades permiten:

- La práctica lingüística.

- La aplicación, el desarrollo y la integración de las diferentes destrezas lingüísticas (comprensión auditiva, expresión oral, comprensión lectora y expresión escrita).

- La aplicación y el desarrollo de estrategias de comunicación.

- El desarrollo de la autonomía del alumno.

Estrategias de aprendizaje

A lo largo del curso se proponen diversas actividades destinadas a fomentar el desarrollo de estrategias positivas de aprendizaje. Tienen como objetivo ayudar al alumno a descubrir estrategias que no conocía o no ponía en práctica pero que pueden serle útiles en lo sucesivo si se adaptan a su estilo de aprendizaje.

La labor de "aprender a aprender" facilita el proceso de aprendizaje del alumno y le permite llevarlo a cabo con un mayor grado de autonomía, confianza en sí mismo y responsabilidad.

Contenidos socioculturales

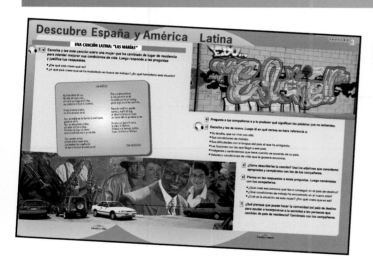

La integración de contenidos temáticos y lingüísticos hace posible que el alumno pueda aprender la lengua al mismo tiempo que asimila unos conocimientos sobre diversos aspectos socioculturales de España y América Latina. Las tareas incluidas contribuyen también a aumentar el interés por los temas seleccionados y al desarrollo de la conciencia intercultural, esto es, a la formación en el conocimiento, comprensión, aceptación y respeto de los valores y estilos de vida de las diferentes culturas.

repasos

Las lecciones de repaso ponen a disposición de los alumnos y del profesor materiales destinados a la revisión y al refuerzo de contenidos tratados en las cuatro lecciones precedentes. Dado que el objetivo fundamental de esas lecciones es la activación de contenidos para que el alumno siga reteniéndolos en su repertorio lingüístico, el profesor puede proponer la realización de determinadas actividades incluidas en ellas cuando lo considere conveniente, aunque eso implique alterar el orden en que aparecen en el libro, y así satisfacer las necesidades reales del alumno.

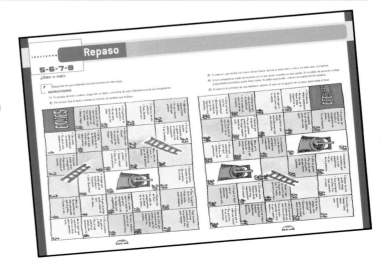

Contenidos del libro

	TEMAS Y VOCABULARIO	OBJETIVOS COMUNICATIVOS	GRAMÁTICA	ESTRATEGIAS DE APRENDIZAJE Y COMUNICACIÓN	DESCUBRE ESPAÑA Y AMÉRICA LATINA
Lección 7	• La publicidad.	• Expresar finalidad. • Interpretar anuncios publicitarios. • Redactar anuncios publicitarios. • Matizar y corregir una opinión.	• *Para / Con el objeto de / El objetivo de... es + que* + subjuntivo. • Construcciones pasivas. • Imperativo afirmativo y negativo con pronombres de objeto indirecto y de objeto directo. • Preposiciones *por* y *para*. • *Lo de que...* • *Lo bueno de es que...* • *No es que* + subjuntivo, *sino que...* + indicativo	• Estrategias de comunicación para participar en un debate: – Tomar la palabra. – Pedir una aclaración. – Hacer una aclaración. – Interrumpir a quien está hablando. – No ceder la palabra.	• Por un cine latino de calidad.
Lección 8	• Los medios de comunicación.	• Decir con qué relacionamos algo. • Redactar noticias. • Transmitir lo dicho por otros: informaciones, peticiones, consejos, sugerencias, órdenes. • Opinar sobre los medios de comunicación.	• Objeto directo + pronombre de objeto directo + verbo: *La palabra 'ejemplar' la relaciono con la prensa.* • Tiempos verbales para hablar del pasado (repaso). • Utilización de tiempos verbales en el estilo indirecto: en indicativo y en subjuntivo.	• Formas de utilizar los medios de comunicación para aprender español.	• Un fragmento de *Cien años de soledad*.

Repaso 2 · 5·6·7·8

	TEMAS Y VOCABULARIO	OBJETIVOS COMUNICATIVOS	GRAMÁTICA	ESTRATEGIAS DE APRENDIZAJE Y COMUNICACIÓN	DESCUBRE ESPAÑA Y AMÉRICA LATINA
Lección 9	• El carácter. • Las relaciones personales. • Sentimientos (2).	• Describir el carácter de una persona (2). • Expresar requisitos (1). • Expresar gustos (2). • Expresar fastidio.	• Prefijos: formación de contrarios. • Sufijos: formación de sustantivos a partir de adjetivos. • *Pedir / Esperar + que* + subjuntivo. • *Me encanta la gente que* + indicativo. • *Detesto a la gente que* + indicativo. • *Me fastidia que la gente* + subjuntivo. • *No soporto a la gente que* + indicativo.	• Repasar y practicar fuera del aula.	• Los contadores de cuentos en América Latina.
Lección 10	• Estados físicos y anímicos. • Sentimientos (3). • El estrés.	• Expresar estados físicos y anímicos. • Expresar sentimientos. • Hablar de los sentimientos y cambios de estado anímicos producidos por ciertas cosas. • Hablar de las posibles consecuencias de una acción.	• Expresiones con *estar* + preposición + sustantivo. • Adjetivos derivados de verbos (*frustrante, deprimente...*). • *Ser / Resultar* + adjetivo derivado de verbo. • *Sentar / Sentirse / Encontrarse* + participio pasado. • *Me da miedo / Me pone de mal humor / Me hace ilusión* + infinitivo + *que* + subjuntivo. • *Cuando más / menos* + subjuntivo, *más / menos* + futuro simple.	• Evitar el estrés en el proceso de aprendizaje.	• La cumbia, música colombiana.
Lección 11	• Lugares de interés. • Descripción geográfica. • De vacaciones. • Quejas y reclamaciones.	• Describir lugares: referirse a aspectos geográficos, históricos y a otras informaciones de interés. • Expresar requisitos (2). • Expresar deseos poco probables o imposibles (2). • Quejarse y reclamar. • Redactar una carta de reclamación: – Introducción y explicación de los motivos por los que se escribe. – Solicitud de alguna acción. – Despedida.	• *Cuando... tengo en cuenta que* + presente de subjuntivo. • *Pero ¿cómo es posible que* + subjuntivo? • *¡Ojalá / Quién* + pretérito imperfecto de subjuntivo! • *No puede ser / Es una falta de seriedad* + que + subjuntivo.	• Estrategias positivas de aprendizaje descubiertas durante el curso.	• La isla de Pascua.
Lección 12	• Sucesos. • Decisiones importantes en la vida.	• Expresar condiciones irreales sobre el pasado y sus consecuencias. • Hablar de acontecimientos históricos. • Expresar arrepentimiento.	• Pretérito pluscuamperfecto de subjuntivo. • *Si* + pretérito pluscuamperfecto de subjuntivo + condicional compuesto. • *Si* + pretérito pluscuamperfecto de subjuntivo + condicional simple. • *(No) Debería / Tenía que* + *haber* + participio pasado. • *Si lo sé / Si lo llego a saber, no vengo.*	• Resolver problemas de aprendizaje.	• Un texto de Pablo Neruda.

Repaso 3 · 9-10-11-12

Resumen gramatical

Aprender español

- Pedir consejo
- Dar consejos
- Reaccionar ante un consejo

1 **a]** Lee este fragmento de *La tesis de Nancy* y contesta a las preguntas.

> Si vienes a España, Betsy, te aconsejo que no hagas preguntas a la gente sobre gramática. Todos cambian de tema y ponen gesto agrio. La gramática no es *popular* en este país, al menos en Alcalá de Guadaira y en Sevilla. Ayer le pregunté al dueño de la farmacia del barrio el subjuntivo de otro verbo. Él me dijo que era una pregunta muy graciosa y me presentó a su mujer.
>
> RAMÓN J. SENDER: *La tesis de Nancy*

- ¿Por qué crees que no respondió el farmacéutico?
- ¿Estás de acuerdo con que la gramática no es popular en España? ¿Y en tu país?

b] Ahora piensa en las respuestas a estas preguntas y coméntalas con tus compañeros.

- Siempre que pides ayuda y preguntas a un nativo, ¿te la da?
- ¿Le entiendes siempre? ¿Qué haces cuando no le entiendes?

2 Como hemos visto, parece que Nancy tiene problemas con el subjuntivo. Para comprobar si recuerdas los usos del indicativo y del subjuntivo que estudiaste anteriormente, te proponemos jugar a las tres en raya.

1. En grupos de tres. Por turnos, elige una casilla y di si las frases que hay en ella son correctas o incorrectas; en este último caso, corrígelas.

2. Si tus compañeros están de acuerdo con lo que has dicho, escribe tu nombre en esa casilla. Si no lo están, pregúntale al profesor quién tiene razón. Gana quien obtenga tres casillas en raya.

- ¡Qué ganas tengo de que llegue el verano!
- Yo también.

- ¿Conoces a alguien que hable árabe?
- Sí, una amiga mía que vivió tres años en El Cairo.

- A ver si vienes un día a casa y comemos juntas.
- Vale. Cuando quieras.

- Espero que nos veamos pronto.
- Seguro que sí, ya verás.

Estoy buscando una casa para alquilar que esté bien comunicada.

Dice que se quedará ahí hasta que vuelves.

- Ya sabes que no me gusta que llegues tarde.
- Lo siento, de verdad.

- Llámame cuando salgas de trabajar.
- De acuerdo.

Me encanta que me dices esas cosas.

La verdad es que no creo que terminaré antes de las cinco.

- ¡Ojalá hace buen tiempo mañana para poder bañarnos!
- Sí, a ver si no llueve.

- Me ha saludado en cuanto me ha visto.
- Es que es muy majo.

3 Asegúrate de que no te quedas con dudas sobre esos usos del subjuntivo. Ahora escribe tú cinco frases con indicativo o subjuntivo y pásaselas a tu compañero para que las corrija.

4 a) Lee estas preguntas y comenta las respuestas con la clase.

- ¿Qué haces para no olvidar lo aprendido anteriormente? ¿Intentas practicarlo? ¿Cómo?
- ¿Tienes dificultades con el subjuntivo? En caso afirmativo, ¿cómo tratas de superarlas?

b) Piensa en lo que han dicho tus compañeros. ¿Hace alguno de ellos algo que no hagas tú y que te parezca interesante? Díselo a la clase.

CONSEJOS PARA APRENDER ESPAÑOL

5 Relaciona lo que dice cada alumno con el consejo apropiado.

A

Yo hablo español muy despacio y hago demasiadas pausas. Necesito practicar más para poder expresarme con más fluidez.

AKIKO (Japón)

1

Pues, mira, lo mejor es que leas, sobre todo, periódicos y revistas de temas que te interesen.

B

Pues a mí se me da muy mal la pronunciación y la gente no me entiende fácilmente; por eso, a veces prefiero no hablar.

FÁTIMA (Marruecos)

2

Yo creo que lo que tienes que hacer es hablar más en clase y fuera de clase, en los descansos y siempre que tengas oportunidad.

C

Necesito aprender más vocabulario. Muchas veces veo que no tengo las palabras necesarias para expresar lo que quiero.

MICHAEL (Estados Unidos)

3

Yo te aconsejo que escuches cintas por tu cuenta y que repitas lo que oigas o, por lo menos, lo que te parezca más difícil de pronunciar.

D

Cuando me hablan, entiendo muy poco. Comprendo mucho más cuando leo.

HANS (Alemania)

4

Pues escucha cintas y lee la transcripción cuando te haga falta. También puedes ver películas con subtítulos en el cine o en el centro donde estudias.

6 a) ¿En qué casos se ha utilizado el subjuntivo para expresar consejos?

b) ¿Recuerdas otras formas de dar consejos? Coméntalas con la clase.

Yo, en tu lugar,...

c) Si se te ocurren otros consejos para las personas de la actividad 5, dáselos.

7 a) Lee este diálogo y responde a las preguntas.

- A mí lo que me pasa es que hablo con poca fluidez. Muchas veces no me salen las palabras y, claro, me expreso muy lentamente.
- Pues te recomiendo que participes mucho en clase, que preguntes, que hables...
- Ya, si eso ya lo hago y me da resultado, pero es que para mí no es suficiente.
- Entonces practica fuera de clase, haz un intercambio.
- ¡Ah! Pues, mira, no se me había ocurrido, pero me parece una buena idea.

- ¿Qué problema tiene el primer interlocutor?
- ¿Qué hace para intentar superarlo?
- ¿Qué le recomienda su compañero? ¿Le parece una buena idea?

b) ¿Qué frases de 7a) te parecen más difíciles de pronunciar y entonar? Dile al profesor que te ayude a practicarlas.

c) Ahora practica el diálogo con un compañero.

8 a) Escucha a varios estudiantes hablando sobre sus problemas con el español y marca en cuál o cuáles de los siguientes aspectos tienen dificultades.

	1	2	3	4	5
Vocabulario					
Pronunciación					
Gramática					
Comprensión oral					
Comprensión lectora					

b) Vuelve a escuchar los diálogos. ¿Qué consejos les dan sus amigos?

9 Piensa en las dificultades que encuentras en tus estudios de español. ¿Hay situaciones en las que dudas y te sientes inseguro? Cuéntaselo a tus compañeros y pídeles consejo. ¿Te gusta alguno de los consejos?

10 a) Lee la lista de las cosas que hace un estudiante que organiza bien su tiempo de estudio y asegúrate de que la entiendes. Marca cuáles de ellas haces tú.

UN BUEN ESTUDIANTE...	
Estudia y realiza el trabajo de casa todos los días.	☐
Sabe cuáles son los momentos en los que se concentra y rinde más, y los aprovecha para estudiar lo más complicado.	☐
Alterna sus períodos de estudio con descansos breves (unos diez minutos por hora de estudio).	☐
Mantiene la atención y no se distrae fácilmente.	☐
Procura motivarse. Para conseguirlo puede llegar a tomar ciertas medidas; por ejemplo, concederse una recompensa cuando alcanza un objetivo fijado: «Cuando termine, escucharé música».	☐
Memoriza las cosas después de haberlas comprendido.	☐
Utiliza técnicas para memorizar lo que estudia.	☐

b) Lee esta viñeta y di con cuál de las informaciones de 10a) la relacionas.

c) En parejas. Añadid a la lista algo que hacéis vosotros y que no aparece en ella.

d) ¿Crees que organizas bien tu tiempo de estudio de español? ¿Puedes mejorar en algo? Coméntalo con tu compañero.

11 ¿Qué se debe hacer en clase? Elaborad entre todos una lista de consejos para la clase de español. Colocadla en una pared del aula e intentad hacer a lo largo del curso lo que hayáis escrito.

EN CLASE DE ESPAÑOL...

Habla siempre español; no utilices tu lengua.

12 a) Averigua el significado de las palabras o expresiones que desconozcas.

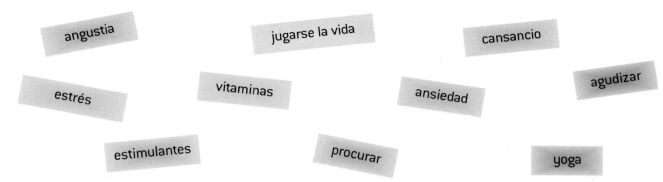

angustia

jugarse la vida

cansancio

estrés

vitaminas

ansiedad

agudizar

estimulantes

procurar

yoga

b) Vas a leer unos consejos dirigidos a estudiantes para evitar el estrés en época de exámenes. ¿Cuáles crees que van a aparecer? Haz una lista con tu compañero.

c) Ahora lee y comprueba. ¿Qué otros consejos aparecen?

CONSEJOS PARA LA ÉPOCA DE EXÁMENES

Cuando se acercan los exámenes finales muchos estudiantes sienten una gran angustia provocada tanto por la prueba en sí como por su proximidad. Son numerosos los que sienten que va a ser evaluado todo el esfuerzo que han realizado durante el curso en una sola prueba y que en ella se juegan la vida.

Efectivamente, no es sencillo superar los exámenes; sin embargo, hay diversas estrategias que pueden contribuir a que los alumnos obtengan buenas notas. Estos son algunos de los consejos que resultan más útiles a los estudiantes en época de exámenes:

- ☐ Haz una planificación para determinar cuáles son tus puntos fuertes y cuáles los débiles en cada asignatura y, en función de ello, distribuye tu tiempo.
- ☐ Descansa cada cierto tiempo. La mayoría de la gente solo logra un nivel óptimo de concentración durante 45 minutos seguidos.
- ☐ Intenta dormir el tiempo suficiente. El cansancio agudiza el estrés y la ansiedad.
- ☐ Come bien, toma alimentos ricos en vitaminas e intenta realizar algo de ejercicio.
- ☐ Procura encontrar tiempo para divertirte los días que preparas los exámenes.
- ☐ Si padeces ansiedad, debes evitar los estimulantes.
- ☐ Realiza ejercicios de relajación, yoga, etc., para reducir el nivel de ansiedad.
- ☐ Evita estar con personas que te provocan angustia antes del examen.

d) Escribe frases con informaciones ciertas o falsas sobre el texto que has leído. Pásaselas a tu compañero para que te diga si son ciertas o falsas.

e) Comenta con la clase qué consejos del apartado 12c) te resultan más útiles. ¿Coincidís en muchos?

Para terminar...

ESTRATEGIAS DE APRENDIZAJE: APRENDER VOCABULARIO

13 Este juego os va a permitir intercambiar ideas sobre las estrategias que usáis para aprender palabras nuevas y repasar otras.

a] En grupos de cuatro. Juega con una moneda y una ficha de color diferente a la de tus compañeros.
Por turnos. Tira la moneda. Si sale cara, avanza dos casillas; si sale cruz, una. Responde a la pregunta o haz lo que se pide en la casilla en la que caigas.

1. ¿Crees que es muy importante aprender vocabulario? ¿Por qué?

2. Tu palabra preferida en español. ¿Por qué?

3. ¿Cómo aprendes las palabras nuevas?

4. La palabra más larga que sabes en español.

5. ¿Qué diccionario(s) usas? ¿Te gusta(n)?

6. Una palabra difícil de pronunciar.

7. Cuando lees, ¿necesitas aprender todas las palabras nuevas? ¿Por qué?

8. Una palabra en español que no te gusta. ¿Por qué?

9. ¿Qué olvidas más fácilmente, la gramática o el vocabulario?

10. Una palabra que has tenido que buscar varias veces en el diccionario.

11. Cuando anotas una palabra, ¿escribes algo más que te ayude a memorizarla?

12. La palabra más divertida que sabes en español.

13. ¿Qué haces para no olvidar una palabra?

14. Tu palabra preferida en tu lengua. Explícala en español.

15. ¿Intentas ampliar tu vocabulario por tu cuenta? ¿Cómo?

16. Define una palabra a tus compañeros. ¿Saben cuál es?

17. ¿Repasas el vocabulario por tu cuenta? ¿Con qué frecuencia?

18. ¿Qué tipo de palabras te resulta más difícil de aprender?

19. Una palabra que te cuesta recordar.

20. ¿Qué haces para averiguar cómo se pronuncia una palabra?

21. Piensa en una palabra difícil y comprueba si la saben tus compañeros.

22. Cuando lees en español, ¿consultas el diccionario con frecuencia?

23. Deletrea una palabra. ¿La recuerdan tus compañeros?

24. Una palabra que sueles confundir con otra, y la causa. ¿Qué haces para evitarlo?

25. ¿Recuerdas la última palabra que has aprendido?

26. ¿Qué haces cuando quieres expresar algo y no encuentras la palabra necesaria?

27. Piensa en una palabra que probablemente no conocen tus compañeros y enséñasela.

28. ¿Intentas utilizar las palabras nuevas aunque sea más cómodo usar otras más fáciles?

b] Lee estas preguntas y completa los cuadros.

- ¿Has descubierto algunas ideas útiles para aprender y memorizar vocabulario? ¿Cuáles?
- ¿Te ha ayudado el juego a recordar palabras que habías olvidado?
- ¿Has aprendido alguna palabra nueva que te parece útil? ¿Puedes escribir un ejemplo con cada una de esas palabras?

FORMAS DE APRENDER VOCABULARIO

PALABRAS QUE HABÍA OLVIDADO Y HE VUELTO A RECORDAR

PALABRAS NUEVAS ÚTILES

---

c] Busca a un compañero con el que no hayas trabajado en el apartado 13a) y coméntale la información de los cuadros. No te olvides de enseñarle las palabras que no entienda.

RECUERDA

Comunicación

Pedir consejo

- ¿Qué me aconsejas (que haga)?
- ¿Qué harías tú (en mi lugar)?

Dar consejos

- Te aconsejo que hables más.
- Lo mejor es que procures utilizar lo último que has aprendido.
- Escucha cintas por tu cuenta y repite lo que te parezca más difícil de pronunciar.

Gramática

Te aconsejo
Te recomiendo + que + presente de subjuntivo
Lo mejor es

Consejos con presente de subjuntivo, infinitivo, condicional e imperativo

(Ver resumen gramatical, apartado 2)

Comunicación

Reaccionar ante un consejo

- Pues, mira, no se me había ocurrido esa idea, pero me parece muy buena.
- Si eso ya lo hago y me da resultado, pero es que para mí no es suficiente.

Gramática

Ocurrírsele algo a alguien

(Ver resumen gramatical, apartado 16)

REPASO DE CIERTOS USOS DEL SUBJUNTIVO

Comunicación

Expresar deseos

- ¡Qué ganas tengo de que vengas!

Expresar opiniones

- No creo que sea una buena idea.

Fijar un momento futuro en el que sucederán cosas

- Te llamaré cuando llegue a casa.

Hablar de requisitos

- Necesitamos un administrativo que hable portugués perfectamente.

Gramática

Desear / Querer / Esperar /... / + que + subjuntivo
¡Ojalá (+ que) + subjuntivo!
No creo / pienso /... / + que + subjuntivo

Partículas temporales con subjuntivo:

cuando / en cuanto /... / + subjuntivo
Necesitar / Buscar /... / + sustantivo + que + subjuntivo

NUEVE PREGUNTAS SOBRE LA LENGUA ESPAÑOLA

1 a] **Anota las respuestas que conozcas o creas conocer.**

1. ¿Sabes en cuántos países es lengua oficial el español? ¿Y cuántas personas lo utilizan como lengua materna?
2. ¿Cuántas calculas que lo emplean como segunda lengua?
3. ¿Cuál es el país con más hablantes de español como lengua materna?
4. ¿Crees que actualmente está aumentando el interés por el español en el mundo?
5. ¿De qué lengua procede el español?
6. ¿Puedes mencionar alguna palabra del idioma español de origen americano?
7. ¿Y alguna palabra española "exportada" a otras lenguas y que es usada internacionalmente?
8. ¿Qué función crees que tiene la Real Academia Española?
9. ¿Cuál puede ser la letra más utilizada en español?

b] **Ahora coméntalas con un compañero. ¿Coincidís en muchas respuestas?**

2 **Lee y comprueba.**

B

Cada vez hay más estudiantes de español en los cinco continentes. En los últimos diez años se ha duplicado la demanda de cursos de español.

A

En el mundo existen más de 100 millones de personas que hablan español como segunda lengua. Además, es el segundo idioma más utilizado como lengua de comunicación internacional.

C

La lengua de Cervantes ha prestado diversas palabras a otros idiomas. Términos como *fiesta, siesta* o *paella*, por citar algunos de ellos, son utilizados internacionalmente y pueden ser entendidos en muchas partes del mundo.

Latina

D
El español, o castellano, es idioma oficial en 21 países (19 de América Latina, Guinea Ecuatorial en África, y España). Es la lengua materna de casi 400 millones de personas.

E
Las lenguas precolombinas, que se hablaban en América antes de la llegada de Cristóbal Colón, aportaron al idioma español palabras que no existían en ese idioma.
Es el caso de términos como *chocolate*, *cacao* o *tomate*.

F
La vocal *a* es la letra que más se usa en español. Su frecuencia es del 13,70%. Y la consonante más frecuente es la *s*, con un 8%.

G
México, con sus casi 100 millones de personas, es el país más poblado donde se habla español. Para el año 2025 se calcula que tendrá 130 millones.

H
El español proviene del latín, que se hablaba en Roma; por eso se dice que es una lengua románica. Su gramática, su vocabulario y su fonética son de origen latino, aunque a lo largo de su historia también ha ido incorporando elementos de otras lenguas.

I
La Real Academia Española fue fundada en 1713. La defensa del español y mantener su unidad lingüística son algunas de sus funciones principales.

3 Escribe tres preguntas sobre otras informaciones que aparecen en los textos y házselas a un compañero.

4 a) ¿Añadirías tú otras informaciones interesantes sobre el tema? Piensa cómo las expresarías.

b) Díselas a tus compañeros. Comenta también con ellos las que más te hayan llamado la atención en la actividad 2.

2

El futuro

- Formular hipótesis sobre el futuro
- Expresar diversos grados de probabilidad

1 Lee lo que dicen estas dos personas. ¿Con cuál de ellas te identificas más?

¿CÓMO SERÁ SU VIDA DENTRO DE 10 AÑOS?

Bueno, supongo que viviré en la misma ciudad, pero en otra casa más grande, pues puede que tenga hijos. Seguramente tendré otro trabajo, al menos eso espero. Y no sé, pero, en general, no creo que lleve una vida muy diferente a la actual.

FERNANDO MÉNDEZ

Como ya habré terminado los estudios, mi vida será bastante distinta: estará más organizada, saldré menos y lo más probable es que sea un poco más aburrida. Me imagino que estaré trabajando... ¡ah! y a lo mejor utilizo el español en mi trabajo.

MARISA FERREIRA

2 a) Observa estos adverbios y expresiones que podemos usar para formular hipótesis.

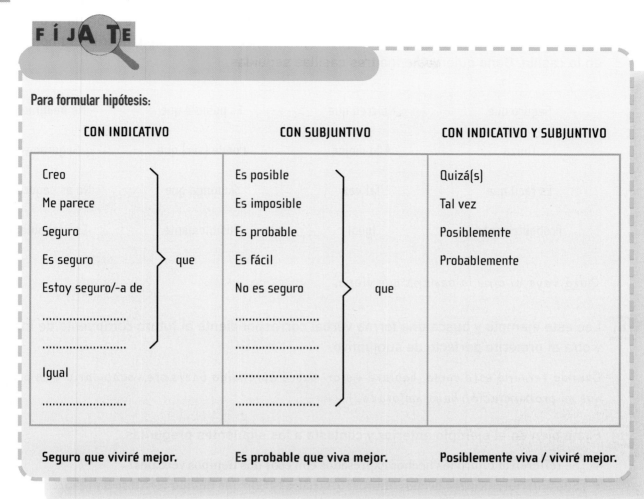

FÍJATE

Para formular hipótesis:

CON INDICATIVO		CON SUBJUNTIVO		CON INDICATIVO Y SUBJUNTIVO
Creo		Es posible		Quizá(s)
Me parece		Es imposible		Tal vez
Seguro		Es probable		Posiblemente
Es seguro	que	Es fácil		Probablemente
Estoy seguro/-a de		No es seguro	que	
....		....		
....		....		
Igual		....		
....		....		

| Seguro que viviré mejor. | Es probable que viva mejor. | Posiblemente viva / viviré mejor. |

b) Lee otra vez las hipótesis de Fernando y Marisa y completa el cuadro.

c) ¿Con qué adverbios y expresiones podemos indicar un mayor grado de probabilidad? ¿Y con cuáles menos? Coméntalo con tu compañero.

ESTRATEGIAS DE APRENDIZAJE: TRADUCCIÓN

3 a) A veces, es útil traducir una estructura del español a tu lengua materna; te permite saber el significado de la estructura española con seguridad y te ayuda a recordarla.
Traduce las siguientes frases a tu idioma. Sé exacto y correcto.

1. Igual me caso el año que viene.
2. Probablemente me case el año que viene.
3. Puede que cambie de trabajo dentro de unos años.
4. A lo mejor trabajo en una agencia de viajes.
5. Posiblemente vaya a Venezuela este verano.

b) Ahora, sin mirar las frases de 3a), vuelve a traducir las frases de tu idioma al español. Luego, compáralas con las originales.

4 Juega a las tres en raya.

En grupos de tres. Un alumno elige una casilla y formula una hipótesis sobre la próxima semana con el adverbio o expresión que haya en ella. Si lo hace bien, escribe su nombre en la casilla. Gana quien obtenga tres casillas seguidas.

Seguro que	No creo que	Es posible que	Me imagino que
Quizá	A lo mejor	Puede (ser) que	Seguramente
Es fácil que	Tal vez	Supongo que	No es seguro que
Probablemente	Igual	Posiblemente	Es probable que

Quizá vaya al cine la semana que viene.

5 **a)** Lee este ejemplo y busca una forma verbal correspondiente al futuro compuesto de indicativo y otra al pretérito perfecto de subjuntivo.

Cuando termine este curso, hablaré mejor: habré aprendido bastante vocabulario y es probable que mi pronunciación haya mejorado.

b) Fíjate bien en el ejemplo anterior y contesta a las siguientes preguntas.

- ¿Se refieren al futuro los hechos expresados con esos dos tiempos verbales?
- ¿Son anteriores a otros hechos futuros? ¿A cuáles? ¿Con qué tiempo verbal se han expresado?
- ¿Por qué se usa en un caso el pretérito perfecto de subjuntivo?

c) En parejas. Intentad conjugar estos dos tiempos verbales. Luego comprobad con la clase y el profesor.

FUTURO COMPUESTO DE INDICATIVO
Yo habré
....
....
....   aprendido
....
....

PRETÉRITO PERFECTO DE SUBJUNTIVO
Yo haya
....
....
....   mejorado
....
....

d) Piensa en tus estudios de español y escribe hipótesis refiriéndote a cosas que crees que habrás hecho o mejorado antes de que acabe este curso.

Antes de que acabe este curso, supongo que habré aprendido mucho español.

.. lo más probable es que haya aprendido mucho español.

e) Ahora compáralas con las de un compañero. ¿Coincidís en alguna?

6 a) Responde a este cuestionario.

¿HAS PENSADO ALGUNA VEZ CÓMO SERÁ TU VIDA DENTRO DE 20 AÑOS?

1. ¿Vivirás en la ciudad en la que vives ahora?
2. ¿Seguirás teniendo tu estado civil actual?
3. ¿Habrás cambiado de trabajo u ocupación?
4. ¿Tendrás las ideas políticas que tienes ahora?
5. ¿Habrás cambiado mucho físicamente?
6. ¿Llevarás el mismo tipo de ropa?
7. ¿Tendrás los mismos amigos?
8. ¿Leerás el mismo tipo de libros o de prensa?
9. ¿Practicarás las mismas actividades en tu tiempo libre?
10. ¿Hablarás español con frecuencia?

1. (Seguramente.)
2. (Probablemente no.)
3. (Puede que sí.)
4. ...
5.
6.
7.
8.
9.
10.

b) Explícale a un compañero cómo crees que será tu vida dentro de 20 años. También puedes referirte a cosas que piensas que habrás hecho antes de que pasen 20 años.

> Seguramente viviré en la ciudad en la que vivo ahora. En cambio, no creo que siga soltero; supongo que me habré casado... Sí, es fácil que me haya casado. ¿Y tú?

> Pues yo, posiblemente...

7 En grupos de tres. Por turnos, dos alumnos formulan hipótesis durante tres minutos sobre lo que hará su compañero el año que viene. Él confirmará si cree que son acertadas o no. El objetivo es adivinar la mayor cantidad posible de cosas sobre el compañero.

- Seguro que el año que viene sigues viviendo aquí.
- Sí, | seguro.
       | probablemente.

- ...

EL MUNDO DEL SIGLO XXII

8 **a]** ¿Te consideras optimista sobre el futuro de la Tierra? Para comprobarlo te proponemos un cuestionario sobre el mundo del siglo XXII, que tú mismo vas a elaborar en parte. Para ello, tienes que relacionar cada frase con su continuación. Puedes usar el diccionario.

EL MUNDO DEL SIGLO XXII

A. Habrá desaparecido la pobreza extrema de la Tierra y, por tanto, ...

B No habrá problemas de empleo y ...

C. Las condiciones laborales serán mucho mejores: ...

D. Todos los países podrán financiar la educación pública y ...

E. Se habrá encontrado el remedio para ciertas enfermedades: ...

F. La esperanza de vida será más alta: ...

G. No se producirán cambios climáticos. ...

H. El ser humano no causará daños a la Tierra: ...

I. Se podrá hacer turismo espacial. ...

J. La gente no vivirá habitualmente en la Luna, pero allí habrá centros de investigación ...

K. Las relaciones personales serán muy fluidas: ...

- ☐ ... el sida y el cáncer tendrán curación.
- ☐ ... se trabajará 30 horas semanales y la jubilación será a los 50 años.
- ☐ ... Cada estación tendrá la temperatura que habitualmente le corresponda.
- ☐ ... Habrá gente que pasará las vacaciones en la Luna.
- ☐ ... apenas existirán problemas de comunicación y resultará muy fácil hacer amigos.
- ☐ ... ni producirá contaminación ni será un peligro para las especies animales.
- ☐ A ... nadie morirá de hambre.
- ☐ ... toda la gente tendrá trabajo.
- ☐ ... todos los niños estarán escolarizados.
- ☐ ... donde algunos científicos permanecerán durante estancias breves.
- ☐ ... la gente vivirá una media de más de 80 años.

b] Ahora fíjate en esta lista de posibles respuestas y anota en cada caso el número que más se aproxime a tu punto de vista.

1. No.   4. Seguramente.
2. Tal vez.   5. Absolutamente seguro.
3. Es posible.

c] Por último, suma los puntos e interpreta el resultado. ¿Estás de acuerdo?

0-16 **puntos:** muy pesimista sobre el futuro de la Tierra.

17-33 **puntos:** realista.

34-44 **puntos:** optimista.

45-55 **puntos:** excesivamente optimista.

9 **a)** Relaciona las predicciones con los dibujos.

A

B

C

1 Se consumirá menos petróleo que ahora.

2 Habrá menos especies animales.

3 Se practicará el turismo lunar.

4 Las sociedades serán más multiétnicas que las actuales.

5 En las ciudades habrá menos atascos.

6 Ciertas enfermedades ya no serán mortales.

D

E

F

b) ¿Estás de acuerdo con las hipótesis del apartado 9a)? Exprésale tus opiniones a tu compañero y justifícalas (explícale lo que habrá ocurrido o lo que es probable que haya ocurrido antes del siglo XXII). Puedes referirte a estas ideas:

1. descubrir otras fuentes de energía
2. extinguirse bastantes especies
3. construir hoteles en la Luna
4. emigrar mucha gente
5. mejorar los transportes públicos
6. descubrir remedios médicos

Yo creo que en el siglo XXII se consumirá menos petróleo que ahora.

Estoy seguro de que antes se habrán descubierto | otras fuentes de energía más
Es probable que antes se hayan descubierto | baratas y más limpias.

Pues yo pienso lo mismo que tú. Creo que...

23
veintitrés

10 Vas a escuchar una entrevista sobre el futuro del ser humano hecha al científico español Luis Ruiz de Gopegui, experto en la exploración del espacio exterior.

a] Escribe dos preguntas que le formularías tú.

 b] Escucha la entrevista. ¿Le han hecho alguna de tus preguntas?

 c] Escucha de nuevo y anota las respuestas a las preguntas del entrevistador. Luego, comenta con tus compañeros las que te parezcan más interesantes.

11 El profesor va a dividir la clase en dos equipos.

a] Escribe en dos papeles diferentes dos hipótesis sobre el mundo del siglo XXII. Pon el nombre de tu equipo en los papeles y dáselos al profesor.

EQUIPO A

En el siglo XXII puede que toda
la gente viva en ciudades.

b] El profesor lee una frase. Si es correcta, obtiene un punto. Si más de la mitad de la clase está de acuerdo con la hipótesis expresada, obtiene otro punto. A continuación, el profesor dice a qué equipo corresponde la frase.

12 a] Elige un año del futuro para expresar hipótesis en un poema. Sigue esta estructura:

EN EL AÑO...

EN EL AÑO...
SEGURO QUE...
PROBABLEMENTE...
QUIZÁ...
ES DIFÍCIL QUE...
SEGURO QUE NO...

EN EL AÑO...
SEGURO QUE NO...
ES DIFÍCIL QUE...
QUIZÁ...
PROBABLEMENTE...
SEGURO QUE...

b] Ahora dáselo al profesor para que lo coloque en una pared de la clase. Luego, lee los de tus compañeros: ¿hay alguno que te llame la atención o que te guste mucho? Coméntalo con su autor.

RECUERDA

Comunicación

Formular hipótesis sobre el futuro
Expresar diversos grados de probabilidad

- A lo mejor me cambio de casa el año que viene.
- No es seguro, pero puede que vaya al cine mañana.
- Posiblemente iré / vaya a verte en Navidades.
- Supongo que dentro de diez años seguiré viviendo en esta ciudad.
- Cuando termine este curso seguramente habré aprendido muchas cosas que ahora no conozco.
- Puede que para el siglo XXII se hayan resuelto algunos de los problemas contemporáneos más graves.

Gramática

Operadores para introducir hipótesis con:

− Indicativo
− Subjuntivo
− Indicativo y subjuntivo

(Ver resumen gramatical, apartado 3)

Futuro simple
Futuro compuesto

(Ver resumen gramatical, apartado 1.2.2)

Pretérito perfecto de subjuntivo

(Ver resumen gramatical, apartado 1.3.1)

COMERCIO JUSTO PARA UN PRESENTE Y UN FUTURO MEJORES

1 a) Asegúrate de que entiendes estas palabras.

- ayuda
- caminos
- desfavorecidas
- dignamente
- beneficios
- campesinas
- trabajadores
- mochilas
- cooperativas
- campañas
- económica
- suficiente

b) Lee el texto (puedes usar el diccionario). Luego, complétalo con las palabras del apartado 1a).

COMERCIO JUSTO

El Comercio Justo es una alternativa al comercio tradicional. Frente a los criterios básicamente económicos de este último, tiene en cuenta, además, valores éticos relacionados con aspectos sociales y ecológicos. Así:

· Campesinos y pequeños productores de zonas empobrecidas encuentran una salida para vivir .... de su trabajo.
· Los consumidores obtienen productos de calidad, con la garantía de que se han respetado los derechos de los .... y el medio ambiente.

Muchas de las tiendas de Comercio Justo están gestionadas por una ONG (Organización No Gubernamental) con mucha experiencia en los problemas que viven las personas menos favorecidas económicamente, bien porque gestiona proyectos o bien porque realiza .... de sensibilización o actividades de educación para el desarrollo.

Pero también hay particulares, preocupados por la situación de las comunidades más .... , que efectúan este tipo de actividad comercial como una forma de trabajo que, a su vez, beneficia a los productores.

Los productores pueden ser familias, pequeñas cooperativas, grupos de mujeres, talleres para minusválidos o .... de mayor tamaño formadas por grupos de productores. Por razones económicas, geográficas, falta de experiencia o de recursos no tienen acceso directo al mercado; o, si lo tienen, no consiguen un precio .... para mantenerse.

Latina

Los propios productores deciden y gestionan sus proyectos de desarrollo con los .... que obtienen de vender sus productos a un precio mejor a través del Comercio Justo. Los siguientes son algunos de los proyectos de desarrollo que se están llevando a cabo en América Latina:

- **Unión de la Selva** es una cooperativa cafetalera integrada por cerca de 1 500 familias campesinas de Chiapas, el estado más empobrecido y marginado de México. La mitad de su producción de café la venden por medio de organizaciones de Comercio Justo.
  Entre sus proyectos de desarrollo destacan la construcción de .... para facilitar la comunicación y el transporte de sus productos, así como diversos programas sociales: apertura de tiendas a precios económicos, educación complementaria, vivienda, salud...

- **El Ceibo**. Unas 1000 familias .... del Alto Beni boliviano componen esta cooperativa, y gestionan la producción y comercialización de cacao. Venden el 20% a través del Comercio Justo, y la cooperativa se ocupa de la capacitación profesional y la investigación para mejorar y diversificar los cultivos. También colabora en el desarrollo de la comunidad, con especial atención a programas de salud y a la .... a los campesinos jubilados.

- **La Malinche**. Está formada por un grupo de mujeres de las comunidades indígenas de El Chile y El Zapote, en Nicaragua. Hacen a mano productos de tejidos y cuero: bolsos, ... , carteras, etc. Las mujeres que integran La Malinche han encontrado una alternativa de trabajo en una zona muy afectada por la crisis ....

SETEM: *Preguntas y respuestas sobre Comercio Justo* (adaptado)

2 a] Selecciona las ideas que te parezcan más interesantes y prepara preguntas sobre ellas.

b] Házselas a un compañero.

3 Piensa en las respuestas a estas preguntas y coméntalas con la clase.

- ¿Hay alguna tienda de Comercio Justo en la localidad en la que vives?
- ¿Sueles comprar en ellas? En caso afirmativo, ¿por qué y qué tipo de productos?
- ¿Cuál crees que será el futuro del Comercio Justo? ¿Piensas que se practicará más? ¿Por qué?

lección

3

Un mundo mejor

OBJETIVOS

• Expresar opiniones y argumentar
• Expresar acuerdo y desacuerdo
• Valorar hechos y situaciones

1 **a]** Mira estas viñetas incompletas y averigua el significado de las palabras que no entiendas.

b] Completa los bocadillos vacíos con estas frases.

A. ¡Pues claro! Siempre hay una solución diplomática.

B. Ahora tendré que despedirme a mí mismo.

2 a) ¿Con qué temas del recuadro puedes relacionar las viñetas del apartado 1a)?

- el desempleo / el paro
- el racismo
- el hambre
- los malos tratos
- la guerra
- el desigual reparto de la riqueza
- el trabajo infantil
- el empleo precario
- la delincuencia
- la discriminación de la mujer
- la corrupción
- el terrorismo

b) ¿Puedes añadir algún otro problema actual que tú consideres importante?

3 a) ¿Con cuál de los temas de 2a) relacionas cada uno de estos textos?

A

Hay personas que dicen que no rechazan a los inmigrantes, pero cuando hablan de algunos de ellos dan explicaciones que denotan ideas racistas y que demuestran que solo aceptan a aquellos extranjeros que cuentan con unos recursos económicos elevados.

B

Cientos de millones de niños, entre los cinco y los catorce años, están obligados a ganarse la vida. Esa cantidad aumentará sensiblemente en los próximos años.

C

Numerosos ciudadanos expresan desde hace cierto tiempo su deseo de promover una "economía humana". Estas personas reaccionan contra la idea generalizada de que la economía obedece a leyes sobre las cuales no tenemos ningún poder. En su lugar, proponen una economía solidaria en la que el ciudadano pueda participar en las actividades de producción, reparto e intercambio.

D

La mujer de los países desarrollados, independientemente de que trabaje o no fuera de casa, sigue siendo la "reina de la casa". Mientras que ella emplea casi cuatro horas y media al día en las tareas del hogar, el hombre solo dedica algo más de media hora. Es decir, que ella trabaja en la casa siete veces más que él.

b) ¿Cuál es la idea principal de cada texto? Escríbelo.

Algunas personas dicen que no son racistas, pero rechazan a los extranjeros que no tienen suficientes recursos económicos.

c) Compara tus ideas con las de un compañero. Luego comentad si estáis de acuerdo con el planteamiento del texto C.

OPINIONES: ACUERDO Y DESACUERDO

4 **a]** Escucha y lee estos diálogos. Fíjate en la entonación.

1
- En mi opinión, los mayores problemas de la humanidad son la pobreza y el hambre.
- Desde luego; y se podrían erradicar con un reparto más justo de la riqueza.

2
- Para mí, la delincuencia es el problema más serio.
- Sí, puede ser, pero yo creo que la violencia es un problema mucho más general y es el origen de muchos conflictos.

b] Todas estas expresiones las utilizamos para mostrar diversos grados de acuerdo o desacuerdo con nuestro interlocutor. Anótalas en la columna correspondiente.

- ¡Ya lo creo!
- No sé. Según se mire.
- Por supuesto.
- Sin duda.
- De ninguna manera.
- ¡Qué va!
- En absoluto.
- Bueno, depende.
- ¿Tú crees?
- ¡Y que lo digas!
- Pues yo no lo veo así; no estoy totalmente de acuerdo contigo…

ACUERDO TOTAL	ACUERDO/DESACUERDO PARCIAL	DESACUERDO TOTAL
¡Ya lo creo!		

c] ¿Puedes sustituir algunas expresiones de los diálogos de 4a) por otras que signifiquen lo mismo?

d] En parejas. Practicad los dos diálogos del apartado 4a) incluyendo las sustituciones que habéis hecho en el apartado anterior.

5 **a)** Lee las sinopsis de estas películas de directores de España y América Latina. ¿A qué tema del apartado 2a) hace referencia cada una?

LOS LUNES AL SOL
Relato del día a día de un grupo de hombres que se queda sin trabajo como consecuencia de una reconversión industrial.

CENIZAS DEL PARAÍSO
Actividades de un poderoso empresario, sospechoso de realizar sobornos y de mandar asesinar al juez que lo investiga.

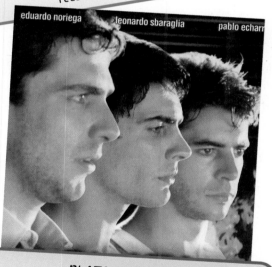

PLATA QUEMADA
Asalto a un camión que transporta dinero llevado a cabo por unos atracadores apodados Los Mellizos.

EL BOLA
Vivencias de un chico de doce años que sufre una situación de violencia familiar y que descubre que es posible otra realidad.

b) Escucha a dos amigos, una española y un argentino. ¿Cuál de los temas abordados en el apartado 5a) mencionan?

c) Escucha de nuevo. ¿Cuál de los temas considera más grave cada uno de los interlocutores y por qué? Anota las razones.

6 Habla con un compañero y dile cuáles son para ti los problemas contemporáneos más graves y por qué. ¿Está de acuerdo contigo?

7 **a]** Lee estas palabras y expresiones y busca en el diccionario tres que no conozcas. Luego pregúntales a tus compañeros el significado de las otras.

recursos naturales

desnutrición

deuda externa

prioridad

equitativos

subsistencia

financiación

producto interior bruto

apertura

créditos

b] Esas palabras han sido extraídas de un artículo sobre el hambre en el mundo, escrito por Jacques Diouf con motivo del Foro Social Mundial de Porto Alegre (2003). Léelas otra vez y dile a tu compañero qué informaciones crees que van a aparecer en ese artículo.

c] Lee el texto y comprueba.

¿Cómo erradicar el hambre?

Más de 800 millones de personas siguen yéndose a dormir con el estómago vacío, y miles de niños mueren a diario como consecuencia directa o indirecta del hambre y de la desnutrición crónica. Eso sucede en un mundo en el que existen suficientes recursos naturales para alimentar a todos sus habitantes. Por eso es legítimo preguntarse cómo se puede erradicar el hambre en el mundo.

Prioridad a la agricultura

La agricultura constituye un elemento clave, pues de ella depende la subsistencia de la mayoría de los mal alimentados. En 1999, el 60% de la población total de los países en desarrollo vivía en zonas rurales. En muchas naciones con una elevada tasa de desnutrición, la agricultura representa más del 25% del producto interior bruto (PIB) y garantiza, directa o indirectamente, la supervivencia del 70% de los más desfavorecidos y de las personas que no tienen asegurada su alimentación.

Por tanto, será necesario invertir más en la agricultura. Algunas de las medidas prioritarias consisten en ayudar económicamente a los agricultores y facilitarles la consecución de créditos, favorecer su acceso a la propiedad de la tierra y a las materias primas, mejorar la gestión del agua y desarrollar la producción agrícola, y posibilitar el acceso a los mercados.

Lamentablemente, muchos países en vías de desarrollo no invierten lo suficiente en la agricultura, aunque es el motor de su economía. Y los países desarrollados, al igual que las instituciones financieras internacionales, redujeron la ayuda dirigida a ese sector.

Un reto mundial

La erradicación del hambre en cualquier punto de la Tierra no es labor exclusiva de los países que la sufren. La comunidad internacional debe concebirla como parte de los imperativos de solidaridad mundial. Ha de adoptar las disposiciones y compromisos necesarios, y transformarlos en acciones concretas. Entre los primeros pasos que deberían dar las naciones industrializadas podemos citar la reducción de la deuda externa de los países en vías de desarrollo, el incremento de la financiación a estos países, el desarrollo de las tecnologías apropiadas, la apertura de mercados y el establecimiento de intercambios comerciales equitativos.

d] Piensa en informaciones de este artículo que te parezcan interesantes y hazle alguna pregunta sobre ellas a tu compañero.

VALORACIÓN DE HECHOS Y SITUACIONES

8 a) Relaciona las frases de las dos columnas.

1 A mi modo de ver, es incomprensible que muera gente de hambre.

2 Realmente, es una injusticia que el trabajo esté mal repartido.

3 A mí me parece muy bien que los niños conozcan otras culturas desde pequeños.

4 Es necesario que todos nos impliquemos en la construcción de un mundo mejor.

A Con la cantidad de recursos naturales que hay en la Tierra...

B Es la única manera de luchar contra las desigualdades.

C Pienso que los gobiernos deberían aplicar otra política laboral.

D Así, se convertirán en adultos respetuosos y más tolerantes.

b) Escribe adjetivos que podemos utilizar para valorar hechos y situaciones.

Incomprensible, imprescindible...

c) Gramaticalmente, ¿qué tienen en común todas las frases de la izquierda? Trabaja con tu compañero e intentad formular la regla.

d) Escribid otros ejemplos aplicando vuestra regla.

e) Comprobad si se cumple esa regla y si es correcta.

f) ¿Recuerdas cuándo utilizamos el infinitivo para valorar acciones? Di algún ejemplo.

g) Ahora completa estas frases con tus propias valoraciones.

1. .... que se tomen medidas para evitar cualquier tipo de discriminación.

2. Me parece fatal que ....

3. A mi modo de ver, es absurdo que ....

4. .... que todavía no hayamos sido capaces de evitar las guerras.

5. Es bueno que ....

6. Para mí, es una equivocación ....

9 a] Escucha cinco diálogos. ¿A qué problema actual hacen referencia en cada uno de ellos? (Recuerda la lista de la actividad 2a.)

b] Escucha de nuevo y anota la valoración que hacen en cada caso.

10 a] Escucha y lee.

> ¿Tú crees que es útil que la gente compre productos de países menos desarrollados económicamente? ¿Sirve realmente de algo?

> Pues sí, a mí me parece muy bien que se compren esos productos. Es más, yo opino que es una forma de contribuir al desarrollo de esos países.

> Pues yo pienso que es interesante, pero que es mejor que se favorezca el desarrollo del mercado en esos países.

b] En parejas. Por turnos, pedidle su opinión a vuestro compañero sobre estas informaciones y dadle la vuestra.

¿Tú crees que es
¿A ti te parece
│ (lógico) que...?

1. Una persona de un país desarrollado consume de 20 a 30 veces más recursos que una de un país en vías de desarrollo.

2. El 80% de los alimentos que se consumen en África es cultivado por mujeres.

3. Hay mucha gente que trabaja en proyectos de cooperación en países en vías de desarrollo.

4. Hay unos mil millones de analfabetos en todo el mundo.

5. Actualmente se denuncian más casos de explotación infantil que antes.

c] ¿Hay algún tema de actualidad por el que sientas especial interés? Coméntalo con tus compañeros y valóralo.

Para terminar...

ESTRATEGIAS DE APRENDIZAJE

11 a) Lee lo que hacen estos estudiantes para hablar mejor en español.

Cuando estudio en casa, escribo las palabras
y las frases más difíciles, y las repito mentalmente.

MIYUKI (Japón)

Antes de participar en algunas conversaciones
o en un debate, preparo lo que voy a decir. Ordeno
mis ideas y escribo las más importantes y las más
difíciles. Eso me ayuda mucho.

BEATRIZ (Brasil)

Mantengo conversaciones imaginarias y cuando
no sé cómo expresar algo, busco otra forma
de expresarlo y lo utilizo cuando hablo.

MAGDALENA (Polonia)

Grabo algunas de mis conversaciones con otras
personas (o algunas imaginarias conmigo mismo)
y luego escucho la grabación y practico lo que creo
que debo mejorar.

BERND (Alemania)

b) Piensa en las respuestas a estas preguntas y coméntalas con tus compañeros.

- ¿Cuál de esas técnicas crees que te resultaría más útil? ¿Usas alguna de ellas u otras diferentes?

- ¿Cuáles te parecen más apropiadas para preparar un debate.

UN DEBATE

12 a] Lee la siguiente opinión y di si estás o no de acuerdo con ella. Luego, busca a un compañero que piense lo mismo que tú.

A mi modo de ver, es muy fácil erradicar el hambre en el mundo, pero solo si lo hacemos entre todos.

b] Escribid varias frases expresando vuestras opiniones y valoraciones personales, argumentándolas. Considerad, entre otros, los siguientes factores.

- recursos naturales
- educación
- enfermedades
- industrialización
- empleo
- nuevas tecnologías
- guerras
- reparto equitativo de la riqueza

c] Trabajad con otra pareja que haya reaccionado como vosotros ante la frase de 12a). Seleccionad los mejores argumentos.

d] Exponed vuestros argumentos a la clase, defendedlos e intentad rebatir los expuestos por otros compañeros que sean contrarios a los vuestros y que no os resulten convincentes.

e] Anota las informaciones que has aprendido en este debate o las opiniones que te han parecido más interesantes.

RECUERDA

Comunicación

Expresar opiniones y argumentarlas
Hablar de problemas contemporáneos
- Para mí, el paro es uno de los problemas más graves porque afecta a mucha gente y...
- Yo creo que habría que invertir más dinero para impulsar la agricultura en los países en vías de desarrollo.

Gramática

Expresiones para introducir opiniones
(Yo) Creo / Pienso / Opino que...
En mi opinión, ...
Para mí, ...
A mi modo de ver, ...
Desde mi punto de vista, ...
Yo estoy convencido/-a de que...
(Ver resumen gramatical, apartado 4)

Comunicación

Expresar acuerdo y desacuerdo
- Desde luego; yo estoy totalmente de acuerdo contigo.
- No sé. Según se mire.
- Pues yo no lo veo así; no estoy de acuerdo contigo.

Gramática

Formas de expresar acuerdo y desacuerdo
¡ya lo creo!, en absoluto, etc.
(Ver resumen gramatical, apartado 5)

Comunicación

Valorar hechos y situaciones
- A mí me parece una buena idea que se hagan campañas contra el racismo.
- A mi modo de ver, es muy positivo que la gente compre productos de países en vías de desarrollo.
- Para mí, es incomprensible que todavía muera gente de hambre.
- Desde mi punto de vista, es un error pensar que los problemas se solucionan solos.

Gramática

A mí me parece bien / mal / un error / una buena idea / ... / + que + subjuntivo
(Ver resumen gramatical, apartado 6.1)

Es bueno / malo / ... / + que + subjuntivo
(Ver resumen gramatical, apartado 6.2)

Es + un / una + sustantivo + que + subjuntivo
(Ver resumen gramatical, apartado 6.3)

Valoraciones con infinitivo
(Ver resumen gramatical, apartado 6.4)

Descubre España y América

1 a] Escucha y lee esta canción sobre una mujer que ha cambiado de lugar de residencia para intentar mejorar sus condiciones de vida. Luego responde a las preguntas y justifica tus respuestas.

- ¿De qué país crees que es?
- ¿A qué país crees que se ha trasladado en busca de trabajo? ¿En qué hemisferio está situado?

LAS MARÍAS

Me llamo María de Luz.
Mil años de cuna a cruz,
mil voces que tengo en el alma,
son cantos en alas de la juventud.

Yo soy de manos ajenas,
mis hijos no saben de mí.

Aquí, escondida en los barrios de americanos,
guardo mi sufrir.
Aquí, en esta planta ruidosa,
mis dedos aplican su bien.
No pienso en hogar ni futuro;
solo me conformo con lo que me den.

Aquí, en esta cocina,
en esta ciudad donde estoy,
¡qué nombres tan complicados
les dan a los tacos de donde yo soy!

Risa y también tristeza
la vida del norte me da;
los sueños que traigo conmigo
quizás algún día se me cumplirán.

Recuerdo ranchito y ganado,
sonrisa y orgullo de ayer,
mi altarcito salado de llanto
por tantas Marías que hemos de ser.

Yo rezo a mi madre la tierra,
la vida y la libertad.
Yo busco a mi hermana justicia,
la paz, la cultura y felicidad.

TISH HINOJOSA

Latina

b] Pregunta a tus compañeros o a tu profesor qué significan las palabras que no entiendas.

c] Escucha y lee de nuevo. Luego di en qué versos se hace referencia a:

- Su familia, que no vive con ella.
- Sus condiciones de trabajo.
- Sus dificultades con la lengua del país al que ha emigrado.
- Las ilusiones con las que llegó a ese país.
- Imágenes y sentimientos que tiene cuando se acuerda de su país.
- Valores y condiciones de vida que le gustaría encontrar.

d] ¿Cómo describirías la canción? Usa los adjetivos que consideres apropiados y compáralos con los de tus compañeros.

e] Piensa en las respuestas a estas preguntas. Luego coméntalas con tus compañeros.

- ¿Qué creía esa persona que iba a conseguir en el país de destino?
- ¿Qué condiciones de trabajo ha encontrado en el nuevo país?
- ¿Cuál es la situación de esta mujer? ¿Por qué crees que es así?

f] ¿Qué piensas que puede hacer la comunidad del país de destino para ayudar a incorporarse a la sociedad a las personas que cambian de país de residencia? Coméntalo con tus compañeros.

4

Condiciones de vida

- Expresar condiciones irreales sobre el presente y sus consecuencias
- Expresar condiciones poco probables y sus consecuencias
- Expresar deseos poco probables o imposibles
- Describir el carácter de una persona

1 **a]** Lee la lista de sugerencias para mejorar nuestras condiciones de vida. Numéralas teniendo en cuenta la importancia que tú les das.

☐ cuidarse más	☐ hacer ejercicio físico
☐ cambiar de trabajo	☐ mejorar las relaciones personales
☐ dejar de trabajar	☐ intentar no preocuparse demasiado por las cosas
☐ organizarse bien	☐ no perder mucho tiempo en transportes
☐ cambiar de vida	☐ irse a vivir más cerca del trabajo o del centro de estudios
☐ tomar alimentos sanos	☐ tener más tiempo libre

b] Di a tus compañeros cuáles son para ti las más y las menos importantes, y explícales por qué.

c] ¿Se te ocurre alguna otra actividad importante para mejorar las condiciones de vida? Díselo a tus compañeros.

2 **a]** Lee las respuestas de estas cuatro personas a una encuesta sobre cambios que les gustaría hacer en su vida. ¿Cuáles de las sugerencias de la actividad 1a) mencionan?

¿Que qué cambios haría en mi vida? El trabajo; mejor dicho, dejaría de trabajar. Estoy convencida de que si dejara de trabajar, viviría mucho mejor, ya que podría hacer cosas que realmente me gustan y ahora no puedo hacer.

Rosa Sáenz, arquitecta, 31 años

Estoy seguro de que si viviera cerca de mi trabajo, mi vida mejoraría considerablemente: no perdería las casi dos horas diarias que pierdo actualmente en desplazamientos y tendría más tiempo libre.

Rafael Sola, administrativo, 40 años

Me gustaría hacer más ejercicio físico. El problema es que con los estudios no tengo mucho tiempo libre, pero si lo tuviese, jugaría al tenis, iría a un gimnasio..., no sé, haría bastante deporte.

Mario Argentola, estudiante, 19 años

¿Que qué cambiaría? ¡Huy! Dejaría de trabajar en casa. Trabajaría en una empresa, estaría con otras personas... Esto de estar todo el día en casa es muy aburrido.

Andrea Pinillos, traductora, 35 años

b] Lee de nuevo las respuestas de los entrevistados y copia las condiciones que mencionan y sus consecuencias. Luego, observa las terminaciones de los verbos utilizados en cada caso.

CONDICIONES	CONSECUENCIAS
Si dejara de trabajar,...	... viviría mucho mejor.
....	....
....	....

c] ¿Sabes cómo se llama el tiempo verbal con el cual se han expresado esas condiciones? ¿Te recuerda a alguna forma verbal que ya conoces?

3 Observa.

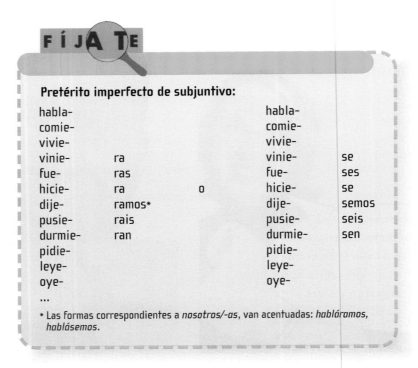

4 Escucha y repite lo que oigas solo si es verdadero. Si es falso, no digas nada.

5 a) Elige cuatro ideas de la actividad 1a) y escribe otras tantas condiciones y las consecuencias que tendrían en tu vida si se cumplieran.

Yo creo
Estoy seguro de
Estoy convencido de | que si me cuidara más, no me pondría enfermo tan a menudo.

b) En grupos de cuatro. Uno de vosotros dice una de las condiciones que ha escrito y los demás intentan adivinar la continuación.

Si cambiara de vida,...

... serías más feliz.

6 a) ¿Has pensado alguna vez cómo sería el mundo o qué pasaría si...

A... el ser humano no necesitara comer ni beber para vivir?

B... no existiese la escritura?

C... (no) existiese la Seguridad Social?

D... hablásemos todos la misma lengua?

Coméntalo con tus compañeros. Averigua en qué caso estáis más de acuerdo y en cuál menos. Además, puedes referirte a otros casos imaginarios que te parezcan interesantes.

b) Seguro que te gustaría que se produjeran algunos de esos cambios. ¿Puedes decírselo a tu compañero?

A mí me gustaría / encantaría que habláramos todos la misma lengua porque así no tendría que estudiar español.

7 a) La voz de la calle. Escucha lo que respondieron algunas personas a las preguntas de la actividad 6a). ¿A cuál de las preguntas corresponde cada respuesta? Marca la letra correspondiente.

	1	2	3	4	5	6	7	8	9
A	✗								
B									
C									
D									

b) Vuelve a escuchar. ¿Coincide alguna de las respuestas con las de tu clase?

ESTRATEGIAS DE APRENDIZAJE

8 **a)** Piensa en las respuestas a estas preguntas y coméntaselas a tus compañeros.

- ¿Qué estrategias aplicas para aprender vocabulario? ¿Cuáles te resultan más útiles?
- ¿Has puesto en práctica alguna de las que descubriste a través de tus compañeros en la actividad 13 de la lección 1? ¿Te da buenos resultados?

b) Elige una palabra que te haya resultado difícil memorizar recientemente y averigua qué técnica han utilizado tus compañeros para memorizarla. ¿Crees que también te puede servir a ti?

EL CARÁCTER

9 **a)** Intenta formar trece parejas de contrarios con los adjetivos del recuadro. Puedes usar el diccionario.

honesto · desorganizado · conservador · egoísta · altruista · insatisfecho · generoso · idealista · extrovertido · insolidario · introvertido · optimista · intolerante · orgulloso · organizado · progresista · realista · pesimista · humilde · satisfecho · deshonesto · solidario · tolerante · vago · tacaño · trabajador

generoso-tacaño

b) Subraya la sílaba más fuerte de cada una de esas palabras.

c) Escucha y comprueba.

d) En parejas. Descríbele tu carácter a tu compañero y dale las explicaciones necesarias. No olvides que puedes añadir otros adjetivos. Él te dirá si está o no de acuerdo.

Pues a mí me parece / Yo creo	que soy	muy... / bastante... / un poco...	desorganizada porque...
Sí,	es verdad. / tienes razón.	Eres...	
¡Ah! Pues, mira, en eso no estoy		muy / totalmente	de acuerdo.
Yo tengo la impresión de	que eres	más bien... / bastante... / un poco...	

10 a) Haz el siguiente cuestionario. Consulta el diccionario si lo necesitas.

¿QUÉ HARÍAS SI...?

1. Si pudieras solucionar un problema que afecta a mucha gente, ¿qué harías?

   a) Resolvería el problema del paro.

   b) Solucionaría el problema del hambre en el mundo.

   c) Resolvería el problema de la soledad.

2. Si pudieses alcanzar uno de estos tres deseos, ¿cuál elegirías?

   a) Querer mucho a alguien y ser muy querido por esa persona.

   b) No tener problemas de salud.

   c) Tener un trabajo buenísimo.

3. Si fueras un genio y te dedicaras a investigar, ¿qué tipo de investigaciones harías?

   a) Médicas.

   b) Medioambientales.

   c) Aeroespaciales.

4. Si tuvieras muchísimo dinero, ¿qué harías?

   a) Trataría de disfrutar todo lo que pudiera.

   b) Financiaría proyectos económicos y/o educativos.

   c) Daría una parte a mis seres queridos.

5. Si tuvieses que elegir una de estas tres opciones, ¿cuál elegirías?

   a) Trabajar lo normal y tener un sueldo medio.

   b) Trabajar poco, ganar poco y tener mucho tiempo libre.

   c) Trabajar mucho, ganar mucho y tener muy poco tiempo libre.

6. Si tuvieras que elegir una de estas dos posibilidades, ¿por cuál optarías?

   a) Ser una persona muy famosa.

   b) Ser quien soy (yo y mis circunstancias).

b) Escucha a dos amigos, un hombre y una mujer, completando parte del cuestionario anterior. Señala las respuestas de cada uno.

c) En parejas. Comenta con un compañero las respuestas de esas personas. ¿Qué adjetivos de la actividad 9a) podrían aplicarse al carácter de cada uno?

d) En parejas. Hazle las preguntas del cuestionario a tu compañero y anota sus respuestas. Después analízalas y dile si has descubierto algún aspecto de su personalidad que desconocías.

11 a) Lee este cómic incompleto sobre el fin del mundo y averigua el significado de las palabras que no entiendas.

b] Asegúrate de que entiendes estas frases.

1. ¿Me puede dar ese collar de oro, por favor?
2. ¡Sí, sí! Vamos a ver las películas que no hemos visto.
3. … el choque producirá la destrucción de la Tierra y será el fin del mundo.
4. Y a mí que me decían que era un vividor y no pensaba en el futuro…
5. … o sea, que pueden tranquilizarse porque ¡el mundo no se acaba y la vida continúa!
6. Lo que siempre he deseado hacer. Además, son gratis; invita la casa.

c] Completa el cómic con esas frases. (Pon el número de cada una de ellas en la burbuja correspondiente.)

d] ¿Qué título le pondrías? Díselo a la clase. ¿Cuál ha sido sugerido por más alumnos?

12 ¿Cuál de los personajes del cómic ha tenido una reacción más curiosa? ¿Y cuál una más divertida? Coméntalo con tus compañeros.

13 Piensa qué harías tú si te dijeran que el mundo se acaba dentro de ocho horas y por qué lo harías. Díselo a tus compañeros y busca a uno con el que coincidas.

RECUERDA

Comunicación

Expresar condiciones irreales o de cumplimiento improbable y sus consecuencias

- Si hiciera más deporte, me sentiría mejor físicamente.
- Si me tocase la lotería, haría muchas cosas que ahora no puedo hacer.

Gramática

Pretérito imperfecto de subjuntivo

(Ver resumen gramatical, apartado 1.4)

Si + pretérito imperfecto de subjuntivo + condicional simple

(Ver resumen gramatical, apartados 7.1 y 7.2)

Comunicación

Expresar deseos poco probables o imposibles

- Me encantaría que consiguieras ese trabajo.
- A mí me gustaría que todos los trabajadores del mundo se beneficiaran de la Seguridad Social.

Gramática

(A mí) Me gustaría / encantaría + que + pretérito imperfecto de subjuntivo

(Ver resumen gramatical, apartado 9.1)

Comunicación

Describir el carácter de una persona

- Tengo la impresión de que mi vecina es una persona muy interesada y bastante tacaña.

Gramática

Ser-estar

(Ver resumen gramatical, apartado 21.2)

Descubre España y América

1 a] ¿Qué entiendes por *nivel de vida* y por *calidad de vida*? Coméntalo con tus compañeros.

b] El texto que vas a leer está relacionado con la calidad de vida en la sociedad española actual. ¿Qué aspectos crees que se van a mencionar? Díselo a tus compañeros.

c] El siguiente texto resume las ideas expuestas en *Latidos de fin de siglo*, del psiquiatra Luis Rojas Marcos. Léelo y comprueba.

VIDA MODERNA Y CALIDAD DE VIDA EN ESPAÑA

Podemos afirmar que en países como España nunca hemos vivido tanto ni hemos contado con tantas comodidades como ahora. En ninguna otra época el nivel de vida ha sido tan alto. Sin embargo, si reflexionamos sobre una serie de aspectos de la vida moderna, veremos cómo estos pueden contribuir a que vivamos mejor o peor. Así, los expertos recomiendan residir en poblaciones de tipo medio o pequeño y que el domicilio se halle cerca del lugar de trabajo, con el fin de poder ir andando y disfrutar más del pueblo o la ciudad donde vivimos.

Por otra parte, el ocio es necesario para mantenernos física y psíquicamente en forma. Una buena utilización del ocio, como hacemos, por ejemplo, en vacaciones, contribuye decisivamente a aumentar nuestra calidad de vida.

Latina

También podemos ocupar nuestro tiempo libre con sencillas actividades que proporcionan un placer muy positivo para nuestra calidad de vida. Nos referimos, entre otras, a los paseos, el ejercicio físico y la comida, sin olvidar que con una alimentación más natural nuestro cuerpo se sentirá mejor y ganaremos días de salud.

Por último, es importante resaltar que la mayoría de la gente cree que las relaciones personales son la fuente primordial de su felicidad. Ello es debido a que el vertiginoso ritmo de la vida urbana genera una gran necesidad de compañía, de amistad y de apoyo emocional. Por eso, la amistad, el amor y la conversación tienen cada vez más importancia en nuestras vidas.

En cualquier caso, si queremos lograr un alto grado de calidad de vida, podemos empezar haciendo la división de la jornada que aconsejan los psicólogos: ocho horas para trabajar, ocho horas para dormir y ocho horas de ocio. El método parece seguro, pero ¿lo aplicamos? Posiblemente no tanto como quisiéramos.

d] Busca en el texto las palabras o expresiones que significan:

estar

producir

tener

fundamental

destacar

acelerado

conseguir

Recuerda que los verbos pueden estar conjugados.

e] Comenta las respuestas a estas preguntas con tus compañeros.

- ¿Crees que existen, además, otros aspectos importantes que afectan a la calidad de vida?
- ¿Consideras que disfrutas de un alto grado de calidad de vida? ¿Por qué?
- ¿Podrían mejorar algunos aspectos de tu vida? ¿Cómo?

juego de vocabulario

1 **a)** ¿Tienes dificultades para recordar o usar determinadas palabras o expresiones de las lecciones 1-4? Anota algunas y escribe una frase con cada una de ellas. Puedes utilizar el diccionario.

b) En grupos de tres. Léeles a tus compañeros la definición del diccionario de cada una de esas palabras o expresiones para que traten de descubrir a cuál corresponde.

c) Pásales las frases que has escrito en el apartado 1a) para que las corrijan. Si no estáis los tres de acuerdo en algo, consultad al profesor.

2 **a)** Busca en las lecciones 1-4 algunas estructuras gramaticales que te parezcan útiles y que necesites repasar.

b) Escribe una frase con cada una de ellas.

c) Tradúcelas a tu lengua. Luego pásaselas a un compañero para que las traduzca al español.

d) Comprueba si coinciden con las tuyas. En caso negativo, averiguad a qué se debe.

3 **a)** ¿Hay algo de lo que no te sientes muy satisfecho como estudiante de español y que te gustaría mejorar? Explícaselo detalladamente a un compañero en una carta y pídele consejo, pero no pongas su nombre.

QUERIDA COMPAÑERA:
Me gusta mucho estudiar español, pero tengo
bastantes problemas con...

b) Entrégasela al profesor y lee la que te dé. Luego escribe una carta de respuesta dando los consejos que estimes apropiados a la situación planteada.

c) Busca al autor de la carta que has recibido y entrégale la respuesta. ¿Qué le parecen tus consejos? ¿Va a intentar ponerlos en práctica?

4 **a)** En parejas. Pensad en los intereses, inquietudes, sueños, objetivos profesionales, etc., de vuestro profesor y escribid hipótesis sobre su futuro personal.

Lo más probable es que el año que viene trabaje en otro país.

b) Decídselas a él o ella y aplicad este sistema de puntuación para averiguar cuál es la pareja ganadora.

- Hipótesis acertada y expresada correctamente: 3 puntos
- Hipótesis no acertada pero expresada correctamente: 2 puntos
- Hipótesis acertada pero expresada incorrectamente: 1 punto
- Hipótesis no acertada y expresada incorrectamente: 0 puntos

5 **a)** Comenta con tu compañero las respuestas a estas preguntas. Puedes expresar hipótesis.

- ¿Cuál crees que será el país más poblado de Iberoamérica en el año 2025?
- ¿Y el segundo más poblado?
- ¿Qué efectos puede tener el crecimiento demográfico en un país como Colombia?

Seguro que el país más poblado de...

b) Lee este texto basado en un artículo del periódico colombiano *El Tiempo* (1997) y comprueba si lo que has dicho coincide con su información.

En el año 2025 Colombia será el tercer país más poblado de Iberoamérica

Colombia, con más de 50 millones de habitantes, se convertirá en el año 2025 en el tercer país más poblado de Iberoamérica, después de Brasil y México y por encima de España. Así lo proyecta el último estudio elaborado por la Oficina de Referencias de la Población (ORP), grupo de investigación demográfica de Washington.

En América Latina, Brasil continuará siendo el país más poblado de la región, con más de 212 millones de habitantes en el 2025; le seguirá México, con un incremento del 45% de su población actual.

¿Cuáles serán las consecuencias sociales y económicas que traerá para un país como Colombia un crecimiento poblacional de esta magnitud?

De acuerdo con el director técnico de Censos del Departamento Administrativo Nacional de Estadística (DANE), Ciro Martínez, el verdadero problema no será el volumen de la población, sino la distribución de esta en el espacio.

Una concentración de la población dificultaría la tarea del Estado para atender las necesidades de este grupo de gente (educación, salud, vivienda), y el desempleo sería una de las primeras consecuencias, mientras que una distribución equilibrada se transformaría en fuente de productividad para el país, agregó Martínez.

En opinión de Gladys Escobar, coordinadora de la Oficina de Análisis Poscensal y Proyecciones de Población del DANE, el crecimiento demográfico no es necesariamente motivo de problemas socioeconómicos. "El verdadero obstáculo está en la mala distribución de los recursos. Un país como Colombia podría tener un gran desarrollo si las fuentes de empleo que se generan dieran oportunidad a todas las personas por igual, pues en nuestro país hay muchas cosas por hacer y para ello no sobra gente", destacó Escobar.

c) Elaborad, en parejas, una lista de medidas para hacer frente a las consecuencias del crecimiento demográfico.

CREAR PUESTOS DE TRABAJO.

d) Comparad vuestra lista con la de otra pareja. ¿Qué os parecen sus medidas? Valoradlas y argumentad vuestras respuestas.

e) En grupo-clase. Seleccionad las mejores medidas y elaborad una lista con las aceptadas por todos. Luego, colocadla en una pared del aula.

6 a) Escucha a dos personas hablar sobre cómo sería su vida si se produjeran ciertos cambios. ¿A qué tipo de circunstancias hacen referencia?

> financieras　　relaciones personales　　laborales　　salud　　estudios

b) Escucha de nuevo y anota las consecuencias que tendrían lugar en cada caso.

	MARTA	JORGE
1		
2		
3		

c) ¿Cómo cambiaría tu vida si se produjeran esas circunstancias? Díselo a un compañero.

d) Piensa en otras circunstancias que podrían darse y pregúntale a ese compañero cómo reaccionaría. ¿Haría lo mismo que tú?

7 a) Completa el poema con estas palabras (las dos formas verbales propuestas se repiten). Puedes usar el diccionario.

> buenos　　trataría de
> pudiera
> reales　　alegría
> tonto
> perfecto　　riesgos
> seriedad

INSTANTES

Si _____ vivir nuevamente mi vida,
en la próxima _____ cometer más errores.
No intentaría ser tan _____ , me relajaría más.
Sería más _____ de lo que he sido; de hecho,
tomaría muy pocas cosas con _____ .
Sería menos higiénico.
Correría más _____ haría más viajes, contemplaría
más atardeceres, subiría más montañas, nadaría más ríos.
Iría a más lugares adonde nunca he ido, comería
más helados y menos habas, tendría más problemas
_____ y menos imaginarios.

Yo fui de esas personas que vivió sensata y prolíficamente
cada minuto de su vida; claro que tuve momentos de _____ .
Pero si _____ volver atrás _____ tener
solamente _____ momentos.

NADINE STAIR

b) Escucha a tu profesor recitarlo y comprueba.

c) ¿Qué crees que quiere expresar la autora? Dilo en pocas palabras.

d) ¿Cuáles de las cosas mencionadas en ese poema harías tú si pudieras vivir nuevamente tu vida? Díselo a tu compañero. ¿Coincidís en algo?

e) ¿Qué otras cosas harías y cuáles de las que haces actualmente no harías? Anótalas en dos listas.

f) Ahora escribe tu poema.

1 Decide en qué orden vas a incluir en un poema las cosas que has mencionado en los apartados d) y e). Luego escríbelo.

Si pudiera vivir nuevamente mi vida,...

2 Pásaselo a un compañero para que te lo corrija.

3 Colócalo en una pared del aula y lee los de tus compañeros. ¿Cuál te gusta más? ¿Hay alguno que te llame la atención?

4 Si lo deseas, puedes recitarlo y grabarte para que puedas escucharte y practicar aquello que te resulte más difícil.

8 *a)* Lee la letra incompleta de esta canción y pregúntale al profesor qué significan las palabras que no entiendas.

MALHAYA LA COCINA

Malhaya la cocina, malhaya el humo,
malhaya quien se cree de hombre alguno,
porque los hombres, porque los hombres,
cuando se sienten _____, caramba,
no corresponden.
Yo comparo a los hombres con el _____,
porque dan el _____ y luego el _____.
Yo los _____, yo los _____;
de este que traigo en el alma, caramba,
de este no digo.

(Tradicional)

b) Asegúrate de que entiendes estas palabras y elige la que te parezca más apropiada de cada par para completar la canción (una de ellas se repite). Luego, escucha y comprueba.

enamorado-mosquito

maldigo-alabo

besito-picotazo

odiados-queridos

brinquito-abrazo

c) Piensa en las respuestas a estas preguntas y coméntalas con la clase.

- ¿Consideras que hay alguna idea polémica en la canción?
- ¿Qué se quiere expresar en ella?
- ¿Estás tú de acuerdo con esas ideas o te parecen exageradas o equivocadas?

Mundo latino

9 *a)* Lee el texto de todas las casillas y consulta al profesor lo que no entiendas.

A ↓

1 Una noticia relacionada con América Latina que has leído o escuchado recientemente.

2 El país de América Latina del que sabes más cosas. ¿Por qué?

3 Alguna cualidad del carácter latino que valoras positivamente.

4 Canta una canción de España o de América Latina.

5 Menciona algún hecho histórico ocurrido en España o América Latina en el s. XX y valóralo.

6 ¿Has leído algún libro de un escritor de América Latina? ¿De qué trata? ¿Te gustó?

7 Expresa algunas hipótesis sobre el futuro de algún país de América Latina.

8 ¿Puedes recomendar a tus compañeros algún periódico o revista de España o de América Latina?

9 Si pudieras hacerlo, ¿qué problemas de España o América Latina resolverías?

10 Pregunta a tu compañero algo sobre España o América Latina.

1 Un plato típico de España o de América Latina que te gusta much...

b) En parejas (alumno A y alumno B). Juega con una ficha de color diferente a la de tu compañero. Empieza en la casilla que te corresponda.

c) Por turnos. Avanza una casilla y habla del tema o responde a la pregunta de la casilla a la que llegues. Si no dices nada, pierdes un turno. Gana el primero que llegue al otro extremo.

12 ¿Conoces algún estilo de música de América Latina? ¿Lo sabes bailar?

13 Algo de España o América Latina que no te parece justo.

14 Una cosa que no se llama de la misma manera en todos los países de habla española.

15 Si pudieras ser un personaje de América Latina, ¿quién te gustaría ser? ¿Por qué?

16 Algo de España o América Latina que te sorprende.

17 Expresa un deseo sobre un país de habla española.

18 Dale algunos consejos a un amigo que va a ir a un país de América Latina del que tienes bastante información.

19 ¿Para qué crees que sirve este juego?

20 ¿Puedes decir el nombre de algún país de América Latina en el que se usa mucho vos?

B

24 Tu compañero te va a preguntar algo sobre un país donde se habla español.

23 ¿Cómo te gusta que sea y qué te gusta que tenga un lugar para vivir en él? ¿Conoces alguno donde se habla español que reúna esos requisitos?

22 ¿Has visto alguna película de un director español o de América Latina? ¿De qué trata? ¿Te gustó?

21 Algún aspecto cultural de América Latina que te gustaría conocer mejor.

5

Sentimientos

- Expresar alegría o satisfacción
- Expresar pena, lástima o tristeza
- Expresar indiferencia
- Expresar extrañeza y preocupación
- Formular hipótesis sobre el pasado
- Dar ánimos y tranquilizar

1 **a]** Asegúrate de que entiendes estas palabras y expresiones, que sirven para hablar de la vida de una persona.

quedarse en paro

hacerse amigo (de alguien)

triunfar

fracasar

ponerse enfermo

curarse

encontrar trabajo

Muga

ascender

suspender

enemistarse (con alguien)

sancionar

titularse

aprobar (un examen o unas oposiciones)

separarse

lesionarse

reconciliarse (con alguien)

dejar el trabajo

tener un desengaño amoroso

conseguir una beca

fallecer

b] ¿Qué palabras y expresiones de 1a) te sugieren hechos de los que se suele guardar un buen recuerdo? ¿Y un mal recuerdo?

c] Añade tres palabras que tú consideres útiles para hablar de hechos importantes en la vida de una persona.

2 **a]** Busca los sustantivos correspondientes a estos verbos. Puedes usar el diccionario.

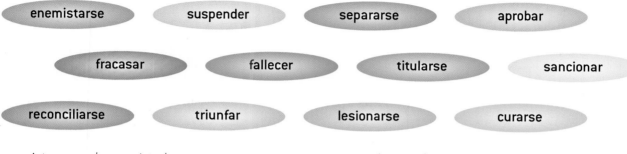

enemistarse   suspender   separarse   aprobar

fracasar   fallecer   titularse   sancionar

reconciliarse   triunfar   lesionarse   curarse

enemistarse → la enemistad   suspender → el suspenso

b] Ahora subraya la sílaba más fuerte de cada uno de esos sustantivos.

c] Escucha y comprueba. Luego, repite los que te resulten más difíciles de pronunciar.

d] ¿Sabes por qué llevan tilde las palabras terminadas en *-ión*? Díselo a tus compañeros.

3 **a]** Haz una lista de cosas importantes que hayas hecho o que te hayan ocurrido en algún momento de tu vida. Puedes pensar en:

- los estudios
- el trabajo
- las relaciones personales
- la salud

b] Comenta tu lista con tu compañero y explícale cómo cambiaron tu vida esos hechos.

> Hace dos años me hice muy amigo de...

4 **a]** Lee esta historieta y busca frases en las que se expresan los siguientes sentimientos.

● alegría o satisfacción

● pena, lástima o tristeza

● indiferencia

b] ¿Te identificas con alguno de los personajes de la historieta? Díselo a tu compañero y explícale por qué.

5 **a)** ¿Qué sentimiento de los que has visto en la actividad 4a) se expresa en cada una de estas frases? Coméntalo con un compañero.

1. Es una lástima que Susana dejara los estudios el año pasado. Con lo inteligente que es...

2. ¡Qué bien que te hayan concedido esa beca! Realmente te la mereces.

3. Me da mucha pena que Enrique haya dejado este trabajo. Con lo bien que me llevaba con él...

4. Sinceramente me da lo mismo que sea niño o niña, estoy tan ilusionado...

5. Me da mucha alegría que hayas conseguido el permiso de residencia. A partir de este momento todo será más fácil.

6. Lamento que te hayas enemistado con Andrea. Con la cantidad de proyectos que teníais...

7. ¡Cómo siento no poder acompañarte! Con las ganas que tenía de ir allí contigo...

8. ¡Cuánto me alegro de haberte conocido! De verdad.

9. La verdad es que no me importa que no ganáramos el partido. Lo importante es participar.

10. ¡Qué rabia que me suspendieran en junio! Con lo que había estudiado...

b) Comenta con tu compañero las respuestas a estas preguntas.

● ¿Por qué en las frases n.ᵒˢ 7 y 8 se utiliza el infinitivo y en el resto, el subjuntivo?

● ¿Por qué se usan diferentes tiempos verbales del subjuntivo?

c) Lee de nuevo las frases en las que se expresa pena, lástima o tristeza. Fíjate en las explicaciones posteriores que se dan en cada caso y completa el cuadro.

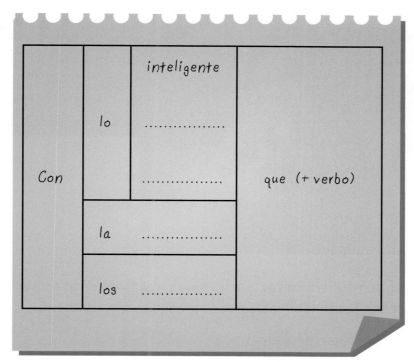

d) ¿Podrías decir cuándo utilizamos *lo* en esas estructuras? ¿Y *el, la, los* y *las*? Escribe algunos ejemplos.

¡Qué pena que Paco ya no viva aquí! Con...

6 a) Piensa en hechos o circunstancias de la actualidad que te producen sentimientos de pena, lástima o tristeza, y por qué.

El problema del analfabetismo en el mundo. Además, hay muchos niños sin escolarizar.

b) ¿Compartes esos sentimientos con tu compañero? Averígualo.

● *¡Qué pena que haya tantos niños sin escolarizar! Con lo necesaria e importante que es la educación.*
● *Pues sí, es una pena. Yo también pienso lo mismo.*

7 a) Haz una lista de hechos que te causan alegría, pena o indiferencia.

Que me regalen algo que me gusta.

b) Lee tu lista a un compañero con el que no hayas trabajado en la actividad 6. ¿Sabe o se imagina cuáles son los sentimientos que te producen esos hechos?

● *Que me regalen algo que me gusta.*
● *Te da mucha alegría que te regalen algo que te gusta.*

8 ¿Recuerdas algunas de las cosas que te ha comentado sobre su vida un compañero en la actividad 3b)? Exprésale los sentimientos que te producen.

¡Qué bien que...!, ¿verdad?

9 a] Observa las ilustraciones. ¿A qué hechos de la historia contemporánea hacen referencia?

b] Escucha una conversación entre dos amigos. ¿De cuáles de los hechos anteriores están hablando?

c] Vuelve a escuchar. ¿Qué sentimientos les producen esos hechos? ¿Alegría, pena o indiferencia?

10 En parejas. Elaborad una lista de hechos de la historia contemporánea. Luego hablad de los sentimientos que os produjeron cuando tuvieron lugar y explicad por qué.

Me alegré mucho de que (cayera el muro de Berlín...)

¿LE HABRÁ PASADO ALGO?

11 a] Escucha este diálogo con el libro cerrado y ayuda al profesor a escribirlo en la pizarra.

- ● ¡Qué raro que Pepe no haya venido todavía! Con lo puntual que es…
- ● Pues sí, es un poco extraño. ¿Le habrá pasado algo?
- ● No, hombre, no. Ya verás como llega de un momento a otro. Habrá salido tarde del trabajo y estará a punto de llegar.
- ● Si dijo que saldría a las seis… Son y media y ya debería estar aquí.
- ● Sí, pero igual se le han complicado las cosas y ha tenido que quedarse un rato más.

b] Responde a las siguientes preguntas.

- ● ¿En qué frases se expresa extrañeza o preocupación?
- ● ¿En cuáles se formulan hipótesis buscando una explicación a lo sucedido?
- ● ¿En cuáles se tranquiliza y se da ánimos a alguien?

c] Escucha el diálogo de nuevo y repítelo. Trata de entonar las frases adecuadamente.

d] Practícalo con un compañero.

12 a] Observa.

> **Hipótesis sobre el presente y el pasado:**
> Cuando intentamos dar una explicación sobre hechos que nos causan extrañeza o preocupación, podemos formular hipótesis:
>
> - Utilizando *igual*, *quizá(s)*, *a lo mejor*, *puede (ser) que*, *probablemente*, etc. (ver lección 2, actividad 2).
>   *Igual se le han complicado las cosas.*
> - Utilizando el futuro o el condicional (simples o compuestos).
>   *Habrá salido tarde del trabajo y estará a punto de llegar.*

b] Observa la correspondencia de tiempos verbales existente entre los ejemplos de la izquierda y los de la derecha. Luego, completa el cuadro.

CONOCEMOS LA EXPLICACIÓN	NOS IMAGINAMOS LA EXPLICACIÓN
Está enferma.	Estará enferma.
Ha salido tarde de casa.	Habrá salido tarde de casa.
Se le olvidó.	Se le olvidaría.
Había un atasco.	Habría un atasco.
No la habían invitado.	No la habrían invitado.
Tiene problemas.	………………………………………
………………………………………	No habrá oído el despertador.
Se acostó muy tarde.	………………………………………
No tenía ganas de ver a nadie.	………………………………………
………………………………………	No se habría enterado.
Ha perdido el tren.	………………………………………
No se lo habían dicho.	………………………………………

13 En algunas de las frases del apartado 12b) se han utilizado formas verbales de un tiempo nuevo, el condicional compuesto. Subráyalas, analízalas y escribe la conjugación de dicho tiempo.

14 a) Cuando buscamos explicaciones a lo sucedido podemos hacer preguntas de este tipo. Trata de relacionarlas con el hecho o el motivo que te parezca más lógico.

1. ¿Qué será?   A. Alguien llega con retraso a una cita.

2. ¿Qué habrá pasado?   B. Un regalo.

3. ¿Quién sería?   C. La pérdida de algunas cosas.

4. ¿Dónde estarán?   D. Una noticia.

5. ¿Cómo se habría enterado?   E. Anoche recibiste una llamada de teléfono anónima.

6. ¿Por qué haría eso?   F. Tu pareja tuvo una reacción inesperada ayer.

b) ¿Qué preguntas puedes hacerte y qué respuestas puedes darte tratando de explicarte estas situaciones?

- ¿Por qué estará tan contento?
- Habrá recibido una noticia buenísima.

c) Comprueba con tu compañero si coinciden vuestras hipótesis.

15 **a)** Observa estas ilustraciones. ¿Cuál crees que es el problema en cada caso? Coméntalo con un compañero.

b) Escucha y empareja cada conversación con la ilustración correspondiente.

c) Vuelve a escuchar. ¿Qué explicaciones dan los interlocutores para cada situación?

16 En grupos de cuatro. El profesor os dará a cada uno de vosotros una tarjeta en la que se menciona un problema y su correspondiente explicación. Vas a decirles a tus compañeros de qué problema se trata, pero no la explicación; ellos deberán adivinarla formulando hipótesis.

● *La clase empieza a las nueve, son las diez y todavía no ha llegado una compañera nuestra.*

● *No habrá oído el despertador.*

● *No, no es eso.*

● *Estará en un atasco; como hay tanto tráfico...*

● *No.*

● *Quizá no le guste lo que vamos a hacer hoy en clase y por eso no va a venir.*

● *No, no tiene nada que ver con eso.*

● *¿Está relacionado con lo que hizo anoche?*

● *Sí.*

● *¡Ah! Entonces saldría anoche y volvería muy tarde a casa.*

● *Sí, y...*

● *Seguro que le sentó mal la cena, no se encuentra bien y se ha quedado en la cama.*

● *Exacto.*

17 a] ¿Recuerdas la historieta de la actividad 4a? ¿Y lo que hizo la protagonista? Comenta con otros compañeros las respuestas a las siguientes preguntas.

- ¿Por qué lo haría?
- ¿Cómo se sentiría?
- ¿Qué le habría pasado antes de tomar esa decisión?

Y he visto que sí... ¡No saben cuánto me alegro de que haya personas como ustedes!

- *Lo haría porque (tendría problemas con... y...)*
- *Sí, seguro que (tenía...)*
- *¡Ah! Pues yo creo que no. Para mí, ...*

b] Decídselo al resto de la clase y descubrid cuál es la explicación compartida por más alumnos.

ESTRATEGIAS DE APRENDIZAJE

18 a] Piensa en las respuestas a estas preguntas y luego coméntalas con tus compañeros.

- ¿Tienes a menudo la sensación de que no progresas adecuadamente en tus estudios de español?
- ¿En qué aspectos te sucede con más frecuencia?
- ¿Te sucede más frecuentemente que en los cursos anteriores?

b] ¿Cuáles crees que son las causas de que a veces puedas sentir que no progresas todo lo que podrías? Coméntalo con tus compañeros y averigua si ellos le dan alguna explicación que te parezca apropiada y que te pueda ayudar en el futuro. Luego díselo al profesor.

RECUERDA

Comunicación

Expresar alegría o satisfacción por algo
- ¡Qué bien que te hayan ascendido!

Gramática

¡Qué bien que + subjuntivo!
Me alegro de que + subjuntivo
Me da mucha alegría que + subjuntivo
(Ver resumen gramatical, apartado 10.1)

Comunicación

Expresar pena, lástima o tristeza y mencionar el motivo
- Me da mucha pena que no hayas aprobado. Con lo que habías estudiado...

Gramática

¡Qué pena / lástima + *que* + subjuntivo!
Me da pena / lástima + *que* + subjuntivo
Siento / Lamento + *que* + subjuntivo
(Ver resumen gramatical, apartado 10.2.1)
Con lo + *que* + indicativo
Con lo + adjetivo / adverbio + *que* + indicativo
Con el / la / los / las + sustantivo + *que* + indicativo
(Ver resumen gramatical, apartado 10.2.2)

Comunicación

Expresar indiferencia
- La verdad es que me da igual que gane un equipo u otro.

Gramática

Me da igual / lo mismo + *que* + subjuntivo
No me importa (nada) + *que* + subjuntivo
(Ver resumen gramatical, apartado 10.3)

Comunicación

Expresar extrañeza y preocupación por algo y mencionar el motivo
- ¡Qué raro que no haya llegado todavía!

Gramática

¡Qué raro / extraño + *que* + subjuntivo! *Si* + indicativo
(Ver resumen gramatical, apartado 10.4.1)

Comunicación

Formular hipótesis sobre el pasado tratando de dar una explicación a algo
- Habrá tenido algún problema con el coche y llegará tarde.
Dar ánimos y tranquilizar
- Tranquilo, hombre, tranquilo. Ya verás como no le ha pasado nada.

Gramática

Probabilidad con futuro y condicional
Operadores para introducir hipótesis con:
– Indicativo, subjuntivo e indicativo y subjuntivo
(Ver resumen gramatical, apartados 1.2.2, 1.5.1 y 10.4.2)

UNA CANCIÓN ESPAÑOLA: *NO ME IMPORTA NADA*

1 a] Asegúrate de que entiendes todas estas palabras.

> **creerse** (algo que te dicen)

> **coartada**

> **jugar**

> **herir**

> **engañar** (a alguien)

> **bobadas**

> **empeñarse** (en hacer algo)

b] Las palabras del apartado anterior están incluidas en una canción titulada *No me importa nada*. En ella se hace referencia a la relación sentimental de una mujer y un hombre. Trabaja con un compañero para intentar predecir su contenido con la ayuda del título y esas palabras.

Hablará de...

c] Comentad vuestras hipótesis con la clase. ¿Hay alguna pareja que ha pensado lo mismo que vosotros?

d] Escucha y lee la canción. Asegúrate de que la entiendes y comenta su contenido con la clase. ¿Es parecido al que habías imaginado con tu compañero?

NO ME IMPORTA NADA

Tú juegas a quererme,
yo juego a que te creas que te quiero.
Buscando una coartada,
me das una pasión que yo no espero.
Y no me importa nada.
Tú juegas a engañarme,
yo juego a que te creas que te creo.
Escucho tus bobadas
acerca del amor y del deseo.

Y no me importa nada, nada,
que rías o que sueñes,
que digas o que hagas.
Y no me importa nada,
por mucho que me empeñe,
estoy jugando y no me importa nada.

Latina

Tú juegas a tenerme,
yo juego a que te creas que me tienes.
Serena y confiada,
invento las palabras que te hieren.
Y no me importa nada.

Tú juegas a olvidarme,
yo juego a que te creas que me importa;
conozco la jugada,
sé manejarme en las distancias cortas.

Y no me importa nada, nada,
que rías o que sueñes,
que digas o que hagas.
Y no me importa nada,
por mucho que me empeñe,
estoy jugando y no me importa nada.

Y no me importa nada
que rías o que sueñes,
que digas o que hagas.
Y no me importa nada
que tomes o que dejes,
que vengas o que vayas.
Y no me importa nada
que subas o que bajes,
que entres o que salgas.
Y no me importa nada.

M. A. RODRÍGUEZ PÉREZ,
F. J. LÓPEZ VARONA y G. LÓPEZ VARONA

e) Piensa en las respuestas a estas preguntas y coméntalas con la clase.

- ¿Qué palabras utilizarías para describir las actitudes de los protagonistas?
- ¿Has hecho o harías tú alguna vez algo parecido a lo que dice la canción? ¿Por qué?

6

Ecología

1 a] Observa estas fotos y describe los dos paisajes.

El paisaje de la izquierda...   *En cambio, el de la derecha...*

b] Ahora comenta con tus compañeros las respuestas a estas preguntas.

● ¿En qué zonas de tu país podrías situar esos paisajes?

● ¿Cuál de ellos se parece más al lugar en el que vives tú?

● ¿Crees que en tu país la gente es sensible a los problemas ecológicos? ¿Hace algo para evitarlos o solucionarlos?

2 a] Responde a estas preguntas.

● ¿Son positivos todos los efectos del desarrollo industrial?

● ¿A qué seres vivos afectan las agresiones contra la naturaleza?

● En términos generales, ¿se puede hablar de un alto grado de conciencia ecológica entre la gente?

b] Lee este texto sobre ecología y comprueba las respuestas.

> Es indudable que la industrialización y el progreso han permitido importantes avances tecnológicos y han contribuido a mejorar el nivel de vida de las personas. Sin embargo, también han ocasionado graves problemas ecológicos, derivados de la contaminación del medio ambiente.
>
> Muchas actividades de los seres humanos constituyen auténticas agresiones contra la naturaleza. El aire, la tierra y el agua están sufriendo ciertos cambios que ponen en peligro la vida de las plantas, los animales y las personas en no pocos lugares de la Tierra.
>
> Los grupos ecologistas y otras asociaciones de ciudadanos llevan décadas reclamando respeto hacia el medio en que vivimos. Afortunadamente, la sociedad empieza a mostrar una mayor sensibilidad hacia los problemas relacionados con la ecología y va asumiendo sus propias responsabilidades en la defensa de la naturaleza.

c] ¿Estás de acuerdo con lo que dice el texto? ¿Harías alguna aclaración? ¿Añadirías algo? Díselo a tus compañeros.

3 a] Averigua qué significan los verbos que no conozcas.

| contaminar | proteger | reciclar | degradar | deteriorar | recuperar |

| prevenir | desertizar | calentar | intoxicar | extinguir | defender |

| envenenar | agredir | conservar | destruir | salvar | repoblar |

b] ¿Cuáles de ellos te hacen pensar en actitudes positivas hacia el medio ambiente? ¿Y en actitudes negativas? Anota cada uno de ellos en la columna correspondiente.

ACTITUDES POSITIVAS	ACTITUDES NEGATIVAS
proteger	contaminar

c] Escribe el sustantivo utilizado para expresar la acción de cada uno de esos verbos y fíjate en el género gramatical. Puedes utilizar el diccionario.

proteger ⟶ la protección

d] Elige los sustantivos que te parezcan más difíciles. Luego dile a tu compañero el verbo relacionado con cada uno para ver si recuerda el sustantivo correspondiente.

4 **a)** Lee estos textos sobre algunos problemas ecológicos y relaciónalos con los títulos correspondientes.

1 DESTRUCCIÓN DE LA CAPA DE OZONO

2 CALENTAMIENTO GLOBAL DEL PLANETA

A La contaminación del aire causada por los coches y las industrias se ha convertido en un grave problema de las grandes ciudades, puesto que causa diversas enfermedades que afectan negativamente a la salud de las personas y, además, daña las plantas y los edificios.

B La temperatura media de la atmósfera está aumentando poco a poco (0,33 grados por década). Ese incremento puede provocar en el futuro la fusión del hielo polar, hecho que haría subir el nivel del mar a un ritmo de unos seis centímetros cada diez años. Este fenómeno tendría como consecuencia la inundación de amplias zonas de la superficie terrestre, algunas de ellas habitadas.

C Los seres humanos talamos los árboles para obtener madera y para crear tierras de cultivo. El problema es que la desaparición de los bosques conlleva efectos negativos como la extinción de especies animales y vegetales, la erosión del suelo y el calentamiento de la Tierra.

D En la atmósfera hay una frágil capa de gas que nos protege de las radiaciones cancerígenas del sol, es decir, de los rayos ultravioletas. En primavera se abre en ella un agujero que cada año es mayor, causado principalmente por la emisión a la atmósfera de productos químicos tales como los clorofluorocarbonos (CFCs).

3 CONTAMINACIÓN AMBIENTAL

4 DEFORESTACIÓN

b) Vuelve a leer los textos y anota las palabras que no entiendas.

c) En grupos de tres. Decidid el posible significado de cada una de las palabras que habéis apuntado; el contexto os ayudará. Luego comprobadlo con el profesor.

d) ¿Existen otros problemas ecológicos que te preocupen? Intenta explicárselos a tus compañeros.

- *A mí me preocupa el/la...*
- *Pues a mí me preocupa que (+ subjuntivo)*

5 a] ¿Con qué problemas ecológicos relacionas estos titulares de prensa?

Se plantarán 100 000 árboles en Buenos Aires antes de fin de año
Los barrios del sur serán los más beneficiados.

Continúa el incendio del Parque Nacional de Los Llanos
El fuego ha arrasado ya más de 2 000 hectáreas.

Brusco descenso de las ventas de aerosoles
Excelentes resultados de la campaña organizada por la AECA el año pasado.

¿Será inundada la Tierra por el mar?

Aprobada la Ley de Conservación de Flora y Fauna de los Espacios Naturales

Aumenta el consumo de gasolina sin plomo en Chile

La capa de ozono podría recuperarse en medio siglo

Halladas casi dos toneladas de basura en el monte Everest

Crece el bosque en España
El segundo inventario forestal nacional refleja un aumento de 400 000 hectáreas de bosque.

El Gobierno ordena la suspensión de todos los transportes de residuos radiactivos

b] Ordena esos problemas según la gravedad que tengan para ti.

c] En grupos de cuatro. Debate tu lista con tus compañeros y elaborad otra entre los cuatro.

DECÁLOGO VERDE

6 a) Lee estos diez consejos verdes. ¿Cuántos practicas tú?

1. **Ahorre energía en su propia casa.** ☐
2. **Reduzca el consumo de agua; es un bien cada vez más escaso.** ☐
3. **No produzca basura.** ☐
4. **Utilice envases buenos para el medio ambiente.** ☐
5. **No almacene productos químicos.** ☐
6. **Limite el uso de los plásticos.** ☐
7. **Ahorre papel.** ☐
8. **Use el coche racionalmente.** ☐
9. **Cuide el campo.** ☐
10. **Piense globalmente y actúe localmente.** ☐

b) Ahora relaciona cada uno de estos párrafos con el consejo correspondiente. Puedes consultar el diccionario.

A. Procure utilizarlo solo cuando sea realmente necesario. Utilice los transportes públicos, vaya a pie o desplácese en bicicleta siempre que pueda.

B. Apague las luces que no necesite. Haga el mejor uso posible de los electrodomésticos. Controle el nivel de la calefacción.

C. Lleve sus propias bolsas a la compra. Reutilice las que le den en el supermercado para guardar la basura.

D. No *invada* la naturaleza y no haga fuego en ella. Cuando abandone un lugar, déjelo como estaba.

E. La ducha, mejor que el baño: puede ahorrar hasta 230 litros cada vez. No deje el grifo abierto mientras se lava los dientes.

F. Compre productos envasados en recipientes ecológicos (botellas de vidrio, por ejemplo). Rechace los *antiecológicos*, como las latas de bebidas o las botellas de PVC. Evite los aerosoles.

G. Para producir todo el que se consume anualmente en España hay que cortar unos 20 millones de árboles de gran tamaño. Tres medidas individuales urgentes: consumirlo en menor cantidad, comprarlo reciclado y enviar a reciclar todo el que sea posible.

H. No utilice artículos de usar y tirar. Recuerde la ley de las *tres erres*: reducir la cantidad de productos que compre, reutilizar y reciclar los que pueda.

I. Detergentes, aerosoles, pilas, pinturas, termómetros… Las potenciales consecuencias negativas sobre el medio ambiente de muchos pequeños productos que se utilizan habitualmente en nuestras casas son muchas.

J. Trate de estar informado de los grandes problemas del medio ambiente del planeta y busque soluciones a problemas ecológicos inmediatos.

c) En grupos de cuatro. Descubrid cuáles son los consejos que siguen vuestros compañeros. ¿Quién creéis que respeta más el medio ambiente?

7 a) Observa las ilustraciones. ¿A qué problema medioambiental hacen referencia y qué soluciones proponen?

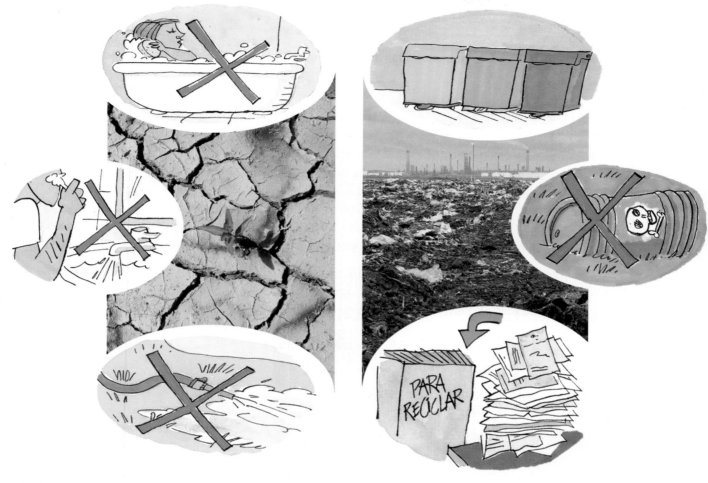

b) ¿Qué soluciones te parecen más adecuadas?

 c) Escucha y anota qué soluciones proponen en la grabación. ¿Coinciden con las tuyas?

MEDIDAS IMAGINATIVAS PARA SOLUCIONAR PROBLEMAS ECOLÓGICOS

8 a) En grupos de cuatro. Elaborad una lista de ideas imaginativas y divertidas para hacer frente a los problemas ecológicos que elijáis.

La mejor forma de

Lo que se puede hacer para

ahorrar agua es ducharse sólo una vez al año.

b) Colocadla en una pared del aula y leed las de los otros grupos. ¿Cuál os parece más original y divertida? ¿Habéis puesto en práctica alguna vez alguna de las medidas que sugieren?

EXPRESIÓN ESCRITA: MARCADORES DEL DISCURSO. CONECTORES

9 a] Lee este texto y responde a las preguntas.

- ¿Qué va a hacer el Ayuntamiento?
- ¿Qué argumentos a favor se mencionan?
- ¿Y en contra?
- ¿Cuáles pueden ser las consecuencias de la polémica?

POLÉMICA POR EL APARCAMIENTO DE LA PLAZA DE LIMA

El aparcamiento subterráneo que el Ayuntamiento de nuestra ciudad está construyendo en la plaza de Lima afectará a esa zona de diversas maneras. **En primer lugar**, puede convertirse en la solución al problema de aparcamiento existente en todo el barrio. **En segundo lugar**, será un alivio para los peatones, que ya no verán invadidos por vehículos los espacios reservados para ellos. **En tercer lugar**, favorecerá a los propietarios de inmuebles, **ya que** es muy probable que las viviendas y los locales comerciales experimenten un importante incremento en sus precios.

Sin embargo, también es verdad que ocasionará ciertos perjuicios. **Por un lado**, llegará hasta la zona un mayor número de vehículos y, **por lo tanto**, aumentarán los niveles de ruido y de contaminación del aire. **Por otro lado**, las plazas de aparcamiento que ya están en venta son excesivamente caras y muchos vecinos no podrán comprarlas. **Además**, la revalorización de la zona perjudicará a las personas que necesiten adquirir una vivienda.

En resumen, se trata de un proyecto polémico, aceptado y deseado por unos y rechazado por otros. En los últimos días hemos comenzado a oír declaraciones a favor y declaraciones en contra de la citada obra, lo que parece ser el principio de un encendido debate que podría llevar a la paralización de las obras.

b] Anota en cada columna las palabras y expresiones en negrita que le dan cohesión al texto y te han ayudado a entenderlo y a predecir su contenido.

ORDENAR IDEAS	CAUSA	CONSECUENCIA	AÑADIR IDEAS	OPOSICIÓN	RESUMEN O CONCLUSIÓN
por una parte	puesto que	por eso	también	pero	en conclusión

c] Asegúrate de que conoces el significado de estas palabras y expresiones. Luego escríbelas en la columna correspondiente del apartado anterior.

a causa de (que)   a continuación   consecuentemente   dado (que)   para concluir   finalmente

como   aunque   por último   pues   igualmente   por todo ello

a pesar de (que)   en resumen   entonces   por otra parte   debido a (que)   asimismo

d] ¿Sabes cómo se utiliza cada una de ellas? Si tienes alguna duda, consúltasela a tu profesor.

e] Sustituye las palabras y expresiones que aparecen en negrita en el texto del apartado 9a) por otras que funcionen de la misma forma y sirvan para conectar las mismas ideas expresadas en el texto.

Por una parte, puede convertirse en la solución...

f] Ahora anota pares de frases que tengan una relación entre sí. Luego pásaselas a tu compañero para que las una con la palabra o expresión apropiada.

Pasan muchos coches por aquí.
Hay mucha contaminación. ⟹ *Como pasan muchos coches por aquí, hay mucha contaminación.*

10 a] Cuando escribimos, muchas veces utilizamos sinónimos para no repetir palabras que ya hemos usado. Lee estas e intenta formar diez pares de sinónimos.

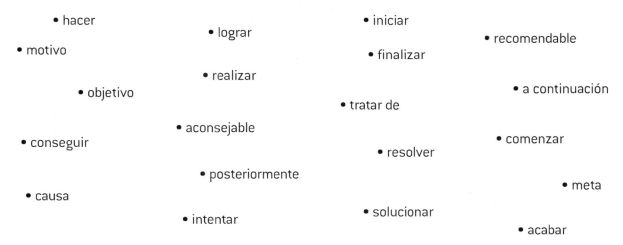

- hacer
- motivo
- lograr
- iniciar
- recomendable
- finalizar
- realizar
- objetivo
- a continuación
- tratar de
- aconsejable
- conseguir
- comenzar
- resolver
- posteriormente
- causa
- meta
- solucionar
- intentar
- acabar

b] Busca en el texto de la actividad 9a) un sinónimo de cada una de estas palabras.

(el) aumento   causar   comprar   mencionada   (el) comienzo

Para terminar...

ESTRATEGIAS DE APRENDIZAJE: EXPRESIÓN ESCRITA

11 a] ¿Haces tú alguna de estas cosas para mejorar tu forma de expresarte por escrito?

> Antes de escribir un texto, hago una lista de las ideas que quiero incluir y luego las ordeno y las agrupo. De esa forma me resulta fácil decidir qué ideas irán en cada párrafo, en qué orden y qué relación hay entre ellas. Después, cuando termino de escribir el texto, lo reviso y corrijo todo lo que creo que se puede mejorar.
>
> SABINE (Austria)

> Cuando el profesor me devuelve una tarea escrita corregida, analizo bien lo que me ha corregido y luego escribo frases en las que incluyo esas correcciones. Además, también intento incluirlas en otras tareas que me pide el profesor.
>
> MUTSUMI (Japón)

> Yo necesito escribir más de lo que me pide mi profesora; por eso hago redacciones sobre temas que me interesan y en ellas utilizo lo último que he aprendido o lo que me parece más difícil. Luego se las doy a mi profesora para que me las corrija.
>
> HEEUN (Corea)

> Generalmente, cuando reviso lo que he escrito hago bastantes cambios. Unas veces decido expresar las cosas de otra forma y en ocasiones añado ideas que se me ocurren después de leer la primera versión. Además, corrijo los errores gramaticales, de vocabulario, etc.
>
> GREG (Inglaterra)

b] Piensa en las respuestas a estas preguntas y coméntalas con tus compañeros:

- ¿Cuáles de esas estrategias te parecen más útiles? ¿Por qué?
- ¿Las aplicas tú?
- ¿Utilizas otras que te dan buenos resultados? ¿Cuáles son?

12 a] Trabajas en una consultoría medioambiental y tu jefe te ha pedido un informe sobre el proyecto indicado en la ficha. Léela y añade otras ventajas e inconvenientes que creas que tiene dicho proyecto.

> ASUNTO: construcción de una fábrica de fertilizantes para la agricultura. Dará empleo a 600 trabajadores.
>
> LUGAR: Albocabe (Toledo), 15 000 habitantes, el 12% de ellos en paro. Crisis de empleo en la región.
>
> MOTIVO DE LA POLÉMICA: la producción de fertilizantes genera residuos tóxicos contaminantes (puede provocar la contaminación del aire y de las aguas del río Rituerto).

VENTAJAS:
600 puestos de trabajo

INCONVENIENTES:
Contaminación del río Rituerto

b] Compara tus listas con las de un compañero y negociad unas definitivas.

c] Piensa cómo vas a comenzar y a terminar el informe. Asegúrate de que sabes qué ideas van a ir en cada párrafo.

- introducción
- ventajas
- inconvenientes
- conclusión

d] Escribe el informe. Selecciona los conectores que vas a utilizar.

En la localidad de Albocabe (Toledo) se va a construir una fábrica de...

e] Revisa lo que has escrito.

- ¿Has expresado todo lo que querías expresar?
- ¿Están claras las ideas?
- ¿Están expresadas con precisión?
- ¿Hay variedad de vocabulario?
- ¿Crees que debes hacer algún cambio de tipo gramatical, ortográfico o relacionado con la puntuación o el estilo?

f] Si fuera necesario, escríbelo de nuevo. Luego, pásaselo a un compañero y lee el suyo. Comenta con él las respuestas a estas preguntas:

- ¿Entiendes lo que tu compañero quiere expresar en su texto?
- ¿Cambiarías o corregirías algo?
- ¿Quieres sugerirle algo?

g] Haz los cambios sugeridos por tu compañero y que tú aceptes.
Por último, dale el texto al profesor para que lo corrija.

RECUERDA

Comunicación

Hablar sobre problemas ecológicos que nos preocupan
- A mí me preocupa que siga aumentando el agujero de la capa de ozono.

Gramática

(A mí) Me preocupa + que + subjuntivo
(Ver resumen gramatical, apartado 10.5)

Comunicación

Comentar medidas para solucionar problemas ecológicos
- Lo que se puede hacer para no contaminar tanto el aire es utilizar menos el coche.

Gramática

Sufijos. Formación de sustantivos a partir de verbos
(Ver resumen gramatical, apartado 11.1.1)

Comunicación

Dar consejos
- Compre productos en envases ecológicos.

Gramática

Imperativo
(Ver resumen gramatical, apartado 2.4)

Comunicación

Redactar un texto:
– Ordenar ideas
- En primer lugar, podemos afirmar que...
– Expresar la causa
- No será una buena medida, ya que solo favorecerá a unos pocos.
– Expresar las consecuencias de algo
- Es un proyecto muy caro que no aporta beneficios y, por consiguiente, no podemos estar a favor de él.
– Añadir ideas
- Además, las encuestas muestran que...
– Oponer ideas
- El proyecto fue aprobado, aunque la oposición votó en contra.
– Resumir o introducir la conclusión
- En resumen, es un proyecto mejorable...

Gramática

Marcadores del discurso. Conectores:
– Organizar y ordenar la información
– Causales
– Consecutivos
– De adición
– Oponer ideas
– Introducir el resumen o la conclusión
(Ver resumen gramatical, apartado 12)

LA AMAZONIA

1 a] Piensa en las respuestas a estas preguntas y coméntalas con la clase.

- ¿En qué países se encuentra la selva amazónica?
- ¿Crees que vive mucha gente en ella? ¿Son indígenas todos sus pobladores?
- ¿Por qué es tan importante la Amazonia para toda la Tierra?

b] Lee y comprueba. Puedes usar el diccionario.

Algunas informaciones de interés sobre la fauna de esa región: en ella habita el 33% de los 30 millones de especies de insectos que existen en la Tierra; allí hay cerca de 1 000 especies diferentes de aves (el 11% de todas las especies conocidas en el mundo); en esa enorme región se han encontrado 1 500 especies de peces de agua dulce y se calcula que el número total existente ascendería a 3 000 (15 veces más que todas las especies de agua dulce halladas en todos los ríos de Europa).

Desde su nacimiento en los Andes hasta su desembocadura en la costa atlántica brasileña, el río Amazonas recorre más de 6 500 kilómetros, aproximadamente la distancia existente entre Nueva York y Berlín. Tiene más de 1 000 afluentes y por él pasa la quinta parte de todo el agua dulce de la Tierra.

La Amazonia es un ecosistema único que se ha formado durante más de 12 000 años en torno a un inmenso río, el Amazonas. Tiene una extensión de 600 millones de hectáreas y ocupa territorios de varios países de América del Sur: Brasil, Bolivia, Perú, Ecuador, Colombia, Venezuela, Guyana, Surinam y Guayana Francesa. El país que tiene más selva amazónica es Brasil, con 350 millones de hectáreas.

Latina

lección 6

Son muchas las personas de todas las partes de la Tierra que consideran que la Amazonia es un auténtico "pulmón del planeta", y que para impedir su destrucción es necesaria la colaboración de sus pobladores y el apoyo político y financiero de la comunidad internacional.

La selva amazónica se extiende por el 7% de la superficie del planeta y contiene el 50% de la biodiversidad mundial. En ella habitan el 70% de las especies animales y vegetales de la Tierra.

El "pulmón del planeta" pierde cada año 1,5 millones de hectáreas aproximadamente, debido principalmente a la extracción de madera que realizan compañías de explotación forestal. Según datos aportados por organizaciones de defensa de la naturaleza, la mayor parte de esa madera se tala ilegalmente.

En la Amazonia brasileña viven más de 20 millones de personas. La población indígena de ese país es de unas 300 000 personas. Algunas tribus no tienen todavía contacto con el mundo desarrollado y desconocen la amenaza que este constituye para su supervivencia.

Esa selva es vital para la estabilidad del régimen de lluvias regional y del clima mundial. De hecho, cuando se explota o se quema, se liberan grandes cantidades de dióxido de carbono, lo que favorece el cambio climático y el aumento de la temperatura.

2 a) Escribe un mínimo de cinco preguntas sobre informaciones que acabas de descubrir.

b) Házselas a un compañero.

3 Comenta con la clase las informaciones que te hayan parecido más interesantes o sorprendentes y otras que conozcas sobre la Amazonia.

4 ¿Has leído o escuchado últimamente en los medios de comunicación alguna noticia relacionada con la selva amazónica? ¿En qué consistía? Cuéntasela a la clase.

79
setenta y nueve

7

La publicidad

OBJETIVOS

- Expresar finalidad
- Interpretar anuncios publicitarios
- Redactar anuncios publicitarios
- Matizar y corregir una opinión

1 a] Piensa en las respuestas a estas preguntas y coméntalas con tus compañeros.

- ¿Dónde puedes ver o escuchar anuncios publicitarios?
- ¿Cuáles son los objetivos de la publicidad?
- ¿Qué recursos lingüísticos se usan en la publicidad para conseguir sus objetivos?
- ¿Crees que hay anuncios que no respetan ciertos principios éticos? ¿Puedes citar alguno?

b] Lee este texto y busca las respuestas.

LA PUBLICIDAD

¿Todavía duda del poder de la publicidad?

EQUIPO
T R E S

Serrano 30, 1º y 3º planta. 28001 Madrid Tel. 91 4356754 • fax 91 5755398 Email: soc@equipotres.com

La publicidad comercial es una forma de comunicación que ha alcanzado una gran importancia en nuestra sociedad. Sus fines son dar a conocer productos e incitar a consumirlos.

Los mensajes publicitarios aparecen en todo tipo de medios: prensa, radio, televisión, cine, carteles, vallas publicitarias, folletos, cartas, Internet, etc.

Los anuncios nos muestran imágenes atractivas y ficticias que transmiten un valor añadido: juventud, belleza, éxito, prestigio, etc.
El lenguaje es utilizado de manera interesada con la finalidad de influir en el público y crear en él la necesidad de consumir el producto anunciado. Para ello se emplean determinados recursos: un tono seductor y persuasivo, eslóganes originales y breves, términos conocidos por todo el mundo que atraen la atención o sorprenden, juegos de palabras, etc.

En las últimas décadas se ha producido un importante desarrollo de las técnicas de persuasión. Actualmente, los mensajes publicitarios están evolucionando de manera muy rápida y podemos encontrarnos anuncios especialmente agresivos, algunos de los cuales vulneran ciertos principios éticos.

La imagen inadecuada u ofensiva de la mujer, y la publicidad financiera que oculta información al cosumidor serían ejemplos de ello.

2 a] Asegúrate de que entiendes estos anuncios. ¿Te gustan?

MIRA POR TUS OJOS

SON PARA TODA LA VIDA

SOS RACISMO. Piano

Una prueba más de que

blancos y negros

pueden convivir en armonía.

Cantabria

Cuevas de Altamira

Mogrovejo

San Vicente de la Barquera
Comillas
Santillana del Mar
Santander
Pedreña
Noja
Santoña
Laredo
Castro Urdiales
Torrelavega
Solares
Treceño
Cabezón de la Sal
Puente Viesgo
Liérganes
Limpias
Carmona
Sierra de Hornijo
Fuente De
Potes
Valle de Cabuerniga
La Gandera
Ramales de la Victoria
PICOS DE EUROPA
Vega de Paz
Salcedo
EMBALSE DEL EBRO
Fontibre
Reinosa
Arroyo
Campo del Ebro
San Martín de Elives

b] Comenta con tu compañero para qué se han hecho estos anuncios y cuáles son sus mensajes.

| El primer anuncio | ha sido hecho / se ha hecho | para / con el objeto de | que + (presente de subjuntivo) |

Su mensaje es que...

3 **a]** Lee este chiste sobre la publicidad. ¿Entiendes todo?

b] ¿A qué o a quiénes pueden referirse los pronombres incluidos en esas frases? Imagínatelo y ponte de acuerdo con tu compañero.

"Visítela" puede referirse a una ciudad: "Visite La Habana".
"Regáleselo" puede referirse a un perfume: "Regálele el perfume Brisa a su novio".

c] Comentádselo a la clase. ¿Coincidís con alguna pareja?

d] ¿Recuerdas la regla gramatical? Comenta con tu compañero las respuestas a estas preguntas.

● ¿Qué ocurre cuando combinamos un pronombre de objeto directo (*lo*, *la*, *los*, *las*) con uno de objeto indirecto (*le*, *les*)? ¿En qué orden van? ¿Se produce algún cambio?

● ¿En qué casos van delante del verbo? ¿Y en cuáles van detrás de él, formando una sola palabra?

e] Cambia las formas verbales afirmativas en negativas, y las negativas en afirmativas.

Regáleselo ⟶ No se lo regale

f] Ahora escribe algunos eslóganes publicitarios que contengan pronombres. Luego pásaselos a tu compañero para que intente adivinar a qué o a quiénes se refieren esos pronombres.

4 **a]** Averigua el significado de los adjetivos que no conozcas.

nutritivo — exótico — potente — apasionante — ligero

sano — atrevido — refrescante — emocionante

sabroso — informal — innovador — suave — exquisito

excitante — inolvidable — relajante — económico — fiable

b] ¿Qué cosas pueden describirse con esos adjetivos? Puedes pensar en:

alimentos y bebidas — espectáculos — vehículos — ropa — lugares

5 **a]** Asegúrate de que entiendes estos eslóganes. Luego selecciona en la lista lo que creas que se anuncia en cada caso.

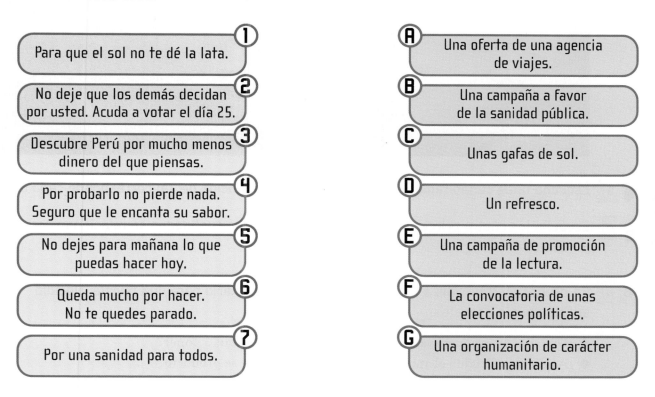

1 Para que el sol no te dé la lata.

2 No deje que los demás decidan por usted. Acuda a votar el día 25.

3 Descubre Perú por mucho menos dinero del que piensas.

4 Por probarlo no pierde nada. Seguro que le encanta su sabor.

5 No dejes para mañana lo que puedas hacer hoy.

6 Queda mucho por hacer. No te quedes parado.

7 Por una sanidad para todos.

A Una oferta de una agencia de viajes.

B Una campaña a favor de la sanidad pública.

C Unas gafas de sol.

D Un refresco.

E Una campaña de promoción de la lectura.

F La convocatoria de unas elecciones políticas.

G Una organización de carácter humanitario.

b] Copia los eslóganes que te parezcan más difíciles sin incluir *por* y *para* y pásaselos a tu compañero para que los complete.

Queda mucho hacer. ⟶ *Queda mucho por hacer.*

c] Escribe otras frases con *por* y *para* y dáselas a tu compañero para que las corrija.

6 Busca anuncios en español en prensa y copia los eslóganes. Tráelos a clase y díselos a tus compañeros para que adivinen qué se anuncia en cada caso.

7 **a)** Observa estos anuncios. ¿Qué crees que se anuncia en cada uno de ellos?

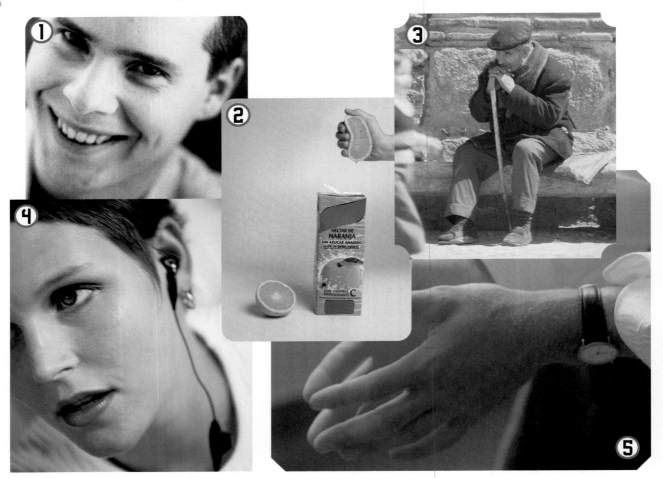

 b) Escucha unas cuñas radiofónicas. ¿A cuál de los anuncios de 7a) corresponde cada una?

c) Escucha los cuatro primeros anuncios de nuevo. ¿Qué cualidades se relacionan con cada producto?

8 **a)** En grupos de tres. Vais a elaborar un anuncio publicitario para una revista. Decidid los siguientes aspectos:

- ¿Qué tipo de producto vais a anunciar? ¿Qué marca le vais a poner?
- ¿A quién va dirigido el anuncio? ¿Por qué se compra ese producto?
- ¿Qué características positivas tiene? ¿Queréis resaltar alguna de ellas?

b) Ahora acordad lo siguiente:

- ¿Qué tipo de imagen vais a incluir?
- ¿Llevará un texto? ¿Será breve?
- ¿Cómo vais a distribuir la imagen, el texto y el eslogan?

c) Escribid el texto y el eslogan.

d) Enseñádselo a los miembros de otro grupo, leed el suyo y valoradlo. ¿Les sugerís algún cambio lingüístico?

e] Haced los cambios sugeridos por el otro grupo y colocad la imagen.

f] Poned vuestro anuncio en una pared del aula. Luego leed los otros. ¿Los entendéis? Si tenéis alguna duda, podéis consultársela a los autores.

9 Ahora vais a crear un anuncio de otro producto para la radio. Seguid los pasos a) y c) de la actividad 8, y grabad el anuncio. Luego, ponedles la grabación a vuestros compañeros.

LA PUBLICIDAD A DEBATE

10 a] Lee estas opiniones sobre la publicidad y decide dónde van las siguientes frases.

A ... te permite comparar diferentes productos para elegir el mejor.

B ... pagamos un precio muy alto por ella.

C ... manipula la realidad.

D ... quien no tiene no es.

E ... haya unas leyes más precisas y estrictas sobre el contenido de los mensajes publicitarios.

A mí me encantan los anuncios y los encuentro muy útiles. Creo que lo mejor de la publicidad es que muestra los gustos y los deseos del consumidor. Te da información sobre productos nuevos y, además, ☐...

1

FERNANDO SERRANO

No es que esté en contra de la publicidad en general, sino que rechazo ciertos anuncios que vulneran determinados principios éticos: respeto a otras ideologías, a la igualdad de sexos, etc. Por eso soy partidaria de que ☐...

2

CONCHA CAÑADAS

Lo de que la publicidad te da ideas es cierto, pero también lo es el hecho de que ☐...: es demasiado molesta, y los productos anunciados son más caros precisamente por los gastos de publicidad.

3

VIOLETA URIARTE

Para mí, la publicidad refleja un mundo que no existe. Un mundo lleno de cuerpos bellos y personas encantadoras que siempre están sonriendo, y, si tienen algún problema, se soluciona de una manera muy simple. No sé...lo que quiero decir es que ☐..., la deforma.

5

ÁNGELES MARTÍN

Los avisos proclaman que ☐...: quien no tiene auto, o zapatos importados, o perfumes importados, es un nadie, una basura.

4

EDUARDO GALEANO

b] ¿Qué textos del apartado 10 a) hacen referencia a aspectos positivos de la publicidad? ¿Y a aspectos negativos?

c] ¿Te identificas con alguna de las opiniones que has leído? Díselo a tu compañero.

11 a] Lee este cuestionario sobre la publicidad y señala tus respuestas.

	muy de acuerdo	bastante de acuerdo	bastante en desacuerdo	muy en desacuerdo
1. La publicidad aporta, en general, informaciones útiles a los consumidores.				
2. La publicidad hace comprar a menudo productos que no se necesitan.				
3. La publicidad informa suficientemente sobre las propiedades o características del producto.				
4. En ocasiones, la publicidad engaña al consumidor.				
5. La imagen de la mujer se utiliza demasiado en la publicidad.				
6. Los niños están más influidos por la publicidad que los mayores.				
7. La publicidad hace aumentar el consumo de los productos que se anuncian.				
8. Los productos que nunca veo anunciados no me merecen confianza.				

Fuente: Centro de Investigaciones Sociológicas

b] El profesor te va a dar los resultados de una encuesta realizada en España a partir del cuestionario anterior. Analízalos y compáralos con los tuyos. ¿Hay algo que te sorprenda? Coméntalo con la clase.

12 a] Escucha a dos personas debatiendo sobre la publicidad. Señala el número de las opiniones de la actividad 11 a las que hacen referencia.

1	2	3	4
5	6	7	8

b] Ahora escucha de nuevo. Anota si están de acuerdo o no con esas opiniones.

¿Qué puedo hacer hoy?

ESTRATEGIAS DE COMUNICACIÓN: PARTICIPAR EN UN DEBATE

13 ¿Recuerdas qué frases se pueden usar en un debate? Escribe alguna que dirías en cada uno de estos casos.

- Para tomar la palabra. → *¿Puedo decir una cosa?*
- Para pedir una aclaración. →
- Para hacer una aclaración. →
- Para interrumpir a quien está hablando. →
- Para no dejar ser interrumpido. →

UN DEBATE

14 a] Y tú, ¿qué opinas sobre la publicidad? Toma nota de tus argumentos. Puedes pensar en:

- lo que le has comentado a tu compañero en la actividad 10c)
- tus respuestas al cuestionario de la actividad 11a)
- otras opiniones tuyas

b] Ahora debate con tus compañeros. Expón tus argumentos y rebate aquellos con los que no estés de acuerdo. Puedes usar frases de la actividad 13.

c] ¿Has aprendido a lo largo del debate algunas palabras o expresiones que te parecen útiles? Anótalas; si lo deseas, puedes escribir frases con ellas.

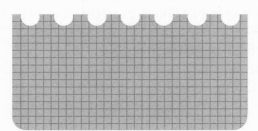

RECUERDA

Comunicación

Expresar la finalidad de algo

- Este anuncio ha sido hecho / se ha hecho para que la gente visite México.

Gramática

Para

Con el objeto de + *que* + subjuntivo

El objetivo de... es

(Ver resumen gramatical, apartado 13)

Construcciones pasivas

(Ver resumen gramatical, apartado 14)

Comunicación

Interpretar anuncios publicitarios

- *Díselo con flores* puede significar 'dile a tu novia con flores que la quieres'.

Gramática

Imperativo afirmativo y negativo con pronombres de objeto indirecto y de objeto directo

(Ver resumen gramatical, apartado 15)

Por y *para*

(Ver resumen gramatical, apartado 17)

Comunicación

Opinar sobre la publicidad

- Lo de que la publicidad te ayuda a descubrir productos es cierto, pero...
- Lo bueno de la publicidad es que te da ideas.

Gramática

Usos de *lo*:

– *Lo de que* + información

– *Lo bueno / malo / mejor / peor de la publicidad es que* (+ verbo)

Comunicación

Matizar una opinión

- No es que esté en contra de la publicidad, sino que creo que se abusa de ella.

Gramática

No es que + subjuntivo, *sino que* + indicativo

(Ver resumen gramatical, apartado 18)

Comunicación

Repaso de estrategias de comunicación para participar en un debate

POR UN CINE LATINO DE CALIDAD

1 a] Lee el texto y complétalo con estas palabras.

- audiovisuales
- especialistas
- institución
- apoyo
- calidad
- dirigidas
- guionistas
- papel

LA ESCUELA INTERNACIONAL DE CINE Y TELEVISIÓN

La Escuela Internacional de Cine y Televisión (EICTV) es una .... no gubernamental creada por la Fundación del Nuevo Cine Latinoamericano, presidida por el escritor colombiano Gabriel García Márquez. Fue fundada en 1986 y tiene su sede en San Antonio de los Baños, provincia de La Habana, Cuba. Su objetivo principal es la formación de profesionales de cine, televisión y otros medios de comunicación .... que proceden no solamente de América Latina y España, sino también de África y Asia.

Robert Redford

Gabriel García Márquez

En los métodos de enseñanza aplicados allí la experiencia juega un .... fundamental: los alumnos aprenden haciendo, practicando. La escuela cuenta con un reputado claustro de profesores .... en diferentes materias que provienen de diversos países de América Latina y Europa. Gabriel García Márquez, por ejemplo, imparte anualmente un taller para ....
"Cómo contar un cuento".

Latina

Francis Ford Coppola

Jean-Claude Carrière, o el especialista en comunicación de masas Ignacio Ramonet, entre otros.

Cada año asisten a sus cursos un buen número de estudiantes y no son pocas las películas .... por profesionales formados allí que han alcanzado reconocimiento y éxito internacional (tal es el caso de *Solas*, escrita y dirigida por el español Benito Zambrano). Asimismo, en opinión de los expertos, la EICTV es uno de los elementos básicos de un cine latino de ....

Además de estar concebida como un centro de formación y producción, la EICTV es un foco activo de intercambio cultural, intelectual y docente, incentivado por el .... de artistas e intelectuales de renombre internacional como los cineastas Francis Ford Coppola, George Lucas, Robert Redford,

b] **Comenta con tus compañeros las respuestas a estas preguntas.**

- ¿Por qué crees que es especialmente útil la existencia de la EICTV?
- ¿Crees que el cine latino tendrá cada vez más difusión? Argumenta las diferentes razones que se te ocurran.
- ¿Conoces o sabes de la existencia de alguna otra escuela de cine que te parezca especialmente interesante? ¿Cuál es?

8

Los medios de comunicación

1 a] **¿Conoces las respuestas a estas preguntas sobre los medios de comunicación? Coméntalas con la clase.**

1. ¿En qué país apareció el primer periódico diario? ¿En qué siglo debió de ser?
2. ¿Has pensado alguna vez cuál fue el primer país en el que se garantizó la libertad de prensa?
3. ¿Cuánto tiempo hace que se inventó la televisión?
4. ¿Quién inventó la radio? ¿En qué siglo?
5. ¿Desde qué década la audiencia de la televisión es mayor que la de la radio?
6. ¿Sabes cuál es el país en el que más se ve la televisión?
7. ¿Cuánto crees que duró la emisión de televisión más larga de la historia? ¿Qué tipo de programa pudo ser?

b] **Lee y comprueba.**

B

Tuvieron que pasar casi 70 años para que fuera reconocida la libertad de prensa: ocurrió en Suecia, en 1766.

A

En 1702 apareció en Inglaterra el *Daily Courant*, el primer periódico diario. En aquella época los cafés se convirtieron en los más importantes centros de circulación de periódicos: la gente se reunía allí para leerlos y comentar las noticias.

C

John Logie Baird, inventor escocés, logró emitir las primeras imágenes de televisión en 1926. En ellas se podía reconocer una cara humana.

D

El físico italiano Guglielmo Marconi realizó las primeras transmisiones radiofónicas a finales del siglo XIX, y en 1901 consiguió realizar la primera comunicación a través del océano Atlántico.

E

En general, desde los años sesenta se dedica más tiempo a ver la televisión que a escuchar la radio. Sin embargo, la aparición de receptores de radio cada vez más pequeños ha permitido a este medio recuperar en los últimos tiempos a parte de sus oyentes.

F

Estados Unidos es el país donde más se ve la televisión. Una familia media tiene encendido el televisor unas siete horas al día, lo que significa que muchos estadounidenses pasan el equivalente a un tercio de su vida delante de la pantalla.

G

El programa de televisión más largo jamás emitido fue una transmisión del canal GTV9, de Australia; cubrió la misión del Apolo XI en la Luna y duró 163 horas y 18 minutos (del 19 al 26 de julio de 1969).

2 **a)** Averigua el significado de las palabras que no entiendas.

| corresponsal | ejemplar | artículo | internauta | columna |

| entrevista | tirada | redactor | audiencia |

| redacción | reportero | titular | locutor | lectores |

| reportaje | portada | oyente | espectador |

b) ¿Con qué medio o medios de comunicación relacionas cada una de ellas?

● *La palabra corresponsal la relaciono con la prensa, la radio y la televisión.*
● *Yo, ejemplar, lo relaciono con la prensa.*

c) Selecciona tres o cuatro que te parezcan difíciles. Luego escribe la definición de cada una de ellas.

La tirada es el número de ejemplares que se editan.

d) Léele las definiciones a tu compañero para que te diga cuál es la palabra definida en cada uno de los casos.

NOTICIAS

3 a] Lee este titular de una noticia y comenta con un compañero el posible contenido de ella.

Premios para los pagadores de multas de tráfico

b] Ahora lee este texto. ¿Es muy distinto al que te habías imaginado?

CALAHORRA (LA RIOJA).– Raúl Ríos, candidato a la alcaldía de Calahorra, ha dado a conocer una original idea para incentivar el pago de las multas de tráfico. La propuesta consiste en entregar, a cada conductor que abone el importe de la sanción, una papeleta con un número que le dará derecho a participar en un sorteo mensual.

Aunque Ríos no ha revelado qué regalos se van a ofrecer —para que la sorpresa sea un aliciente más—, sí ha comentado que gustarán mucho a los ciudadanos, pero no tanto como para provocar que cometan nuevas infracciones.

c] Anota las palabras clave de ese texto.

d] Utilízalas junto a tus propias palabras para escribir ese texto sin leer el del apartado b).

e] Pásaselo a tu compañero para que vea si el contenido es el mismo que el del texto original. Luego puede hacerte las correcciones que considere necesarias.

f] Comentad el contenido y las correcciones. ¿Estáis de acuerdo?

4 a) Lee los siguientes titulares de prensa. ¿Cuáles crees que están relacionados?

Una indígena quechua, ministra de Exteriores

Catástrofe en el espacio

Temporal de frío en media España

Clamor popular contra la guerra

Madrid, elegida aspirante a sede olímpica

La nave más vieja de la NASA se desintegra al volver a la Tierra

El mal tiempo obliga a cortar más de cien carreteras

Los equipos de tenis de Bélgica y España buscan la clasificación

Comienzan las eliminatorias de la Copa Davis

Diversas manifestaciones muestran su oposición a la guerra

La capital de España, candidata a organizar los Juegos Olímpicos

Nina Pacari, ministra de Asuntos Exteriores en Ecuador

b) Escucha parte de un informativo de radio. ¿Cuáles de las noticias anteriores se mencionan?

c) Vuelve a escuchar y responde a estas preguntas.

- ¿Qué significa Nina Pacari?
- ¿Cuándo y dónde sucedió el accidente del Columbia?
- ¿Cuántas veces ha ganado España la Copa Davis?
- ¿En qué provincia hay pueblos aislados por la nieve?

5 a) En parejas. Elegid un tema para escribir una noticia. Puede estar relacionado con vuestro centro de estudios, con la ciudad o el país en el que estáis, con asuntos que interesan a estudiantes de una lengua extranjera, etc.

b) Escribid la noticia y el titular correspondiente.

c) Comunicadle el titular a otra pareja para que intente predecir el contenido de la noticia.

d) Pasadle la noticia a la otra pareja para que confirme sus predicciones y la corrija. Luego, comentad las posibles correcciones.

e) Pasad la noticia a limpio y colocadla en una pared del aula para que la lean otros compañeros. Después, elegid entre todos la que más os guste.

ESTILO INDIRECTO

6 a] Asegúrate de que entiendes estas informaciones. Luego lee el texto y comprueba si son verdaderas o falsas.

	V	F
El taxista declaró que jamás le había ocurrido algo parecido.		
Al principio, el cliente le pidió que lo llevara a un parque.		
En un primer momento, Benito se negó a darle el dinero.		
Antes de recibir el dinero, el chico le exigió que lo llevara a la cárcel.		
Benito le dijo que si quería, le invitaba a tomar algo para que se calmara.		
Además, le aconsejó que no fuera a la cárcel.		
El chaval estaba convencido de que la vida en prisión sería más agradable.		

"Llévame a la cárcel"

Un chico de 16 años atraca a un taxista y le obliga a entregarlo en una comisaría de policía.

GRANADA. - "Llevo diez años trabajando de taxista y nunca me había pasado nada igual". Benito, taxista de Granada, explicaba ayer lo que le había ocurrido el día anterior. A las diez de la mañana circulaba con su coche por el centro de la ciudad cuando un joven subió al taxi y le comunicó el nombre de un conocido parque granadino. En cuanto comenzó el viaje, el pasajero le dijo al taxista: "Dame todo el dinero que lleves". Benito le respondió que se lo daba y le pidió que no le hiciera nada. Después de entregarle la recaudación (47 euros), siguió conduciendo. Fue entonces cuando el atracador se echó a llorar y le ordenó que lo entregara a la policía.

El taxista se quedó atónito. Al principio creyó que no había oído bien, pero el joven insistió con tono amenazador: "Llévame a la cárcel". Benito le contestó: "Si te llevo a la policía, te creo un problema gravísimo. Si quieres, paramos, te tranquilizas, te invito a un café y, si lo necesitas, te quedas con el dinero, pero no vayas a la cárcel". No sirvió de nada: "Solo quería que lo entregara, y, claro, tuve que hacerlo", declaró la 'víctima' posteriormente.

El taxista no se explica el comportamiento del muchacho, que repetía: "Estaré mejor en la cárcel". La policía no ha dado sus iniciales, pero ha confirmado que no tiene antecedentes penales ni relación con el mundo de la delincuencia. El joven fue puesto en libertad horas más tarde por orden del juez.

b] Anota las palabras que te hayan causado problemas durante la lectura. Averigua su significado.

7 ¿Recuerdas cómo podemos transmitir o referir lo dicho anteriormente por alguien (estilo indirecto)?

a) Completa estas frases con las formas verbales que te parezcan más adecuadas.

1. Benito dijo que el día anterior le .... (pasar) una cosa muy extraña.
2. El taxista declaró que un cliente le .... (obligar) a entregarlo a la policía.
3. Antes de entregarlo, Benito le contestó que si lo .... (llevar) a la comisaría le .... (crear) un problema gravísimo.
4. El muchacho confesó que .... (querer) ir a la cárcel.
5. Además, repetía que allí .... (vivir) mejor.

8 **a)** Observa.

> ### FÍJATE
>
> **Estilo indirecto:**
>
> También podemos referir peticiones, consejos, sugerencias, órdenes, etc. Para ello empleamos los verbos *pedir*, *rogar*, *decir*, *aconsejar*, *recomendar*, *sugerir*, *ordenar*, *mandar*, *exigir*, etc.
>
> | PETICIÓN | REFERIR UNA PETICIÓN |
> |---|---|
> | Escríbeme más a menudo. | Me pide / ha pedido que le escriba más a menudo. |
> | | Me pidió que le escribiera/escriba más a menudo. |

b) ¿Qué le pidió / aconsejó / dijo /... cada una de estas personas a su interlocutor? Escríbelo.

9 **a)** El muchacho del texto de la actividad 6 confesó a su abogada por qué había actuado de forma tan extraña. Imagina con tu compañero lo que dijeron: las causas, y las posibles peticiones y consejos.

ABOGADA: Pero ¿por qué lo hiciste?
MUCHACHO:

b) Contádselo a vuestros compañeros. ¿Coincidís con alguna pareja?

La abogada le preguntó...

10 Escucha esta noticia de la radio en la que se mencionan las causas del comportamiento del chico y comprueba si las habéis adivinado.

11 Lee estas declaraciones aparecidas en la prensa. ¿Qué personajes famosos (de tu país, de España o de América Latina) las pudieron hacer?

1
"Si ganamos las elecciones, bajaremos los impuestos", prometió...

2
"Este disco es el mejor de todos los que he compuesto", declaró...

3
"Eduquen a sus hijos en el uso de los medios de comunicación", aconsejó...

4
"He mejorado mucho, pero todavía no me he recuperado totalmente", confesó...

5
"Fue muy difícil pero al final conseguimos el triunfo", comentó...

6
"Este libro narra la historia de mi país", manifestó...

7
"Denme su apoyo y haré desaparecer el desempleo", afirmó...

8
"Si consumiéramos menos papel, tendríamos más árboles", explicó...

9
"Tomen alimentos naturales que no contengan conservantes", recomendó...

12 a] En grupos de tres. Escribid, en estilo indirecto, declaraciones reales de famosos que recordéis. Anotad también otras inventadas, supuestamente hechas por ciertos personajes públicos.

b] Decídselas a otro grupo. ¿Saben cuáles son reales y cuáles inventadas? Podéis utilizar los siguientes verbos.

declarar · pedir · afirmar · sugerir · proponer · comentar · aconsejar · confesar · recomendar · explicar · manifestar

El presidente de mi país afirmó en la última campaña electoral que...

PRENSA, RADIO Y TELEVISIÓN

13 a] ¿Conoces estos nombres de secciones de un periódico y de programas de radio y televisión?

- informativo
- sucesos
- retransmisión deportiva
- editorial
- documental
- información deportiva
- concurso
- debate
- crítica de espectáculos
- cartelera
- opinión
- pasatiempos
- tertulia
- programa educativo
- información meteorológica

b] Piensa en la función de cada uno de ellos y anótalos en la columna correspondiente.

INFORMAR	FORMAR	ENTRETENER
sucesos		

c] ¿Cuáles de ellos lees, escuchas o ves tú? Díselo a tu compañero.

ESTRATEGIAS DE APRENDIZAJE: APRENDER ESPAÑOL CON LOS MEDIOS DE COMUNICACIÓN

14 a) Mira cómo utilizan estos estudiantes de español los medios de comunicación para enterarse de las noticias y aprender la lengua.

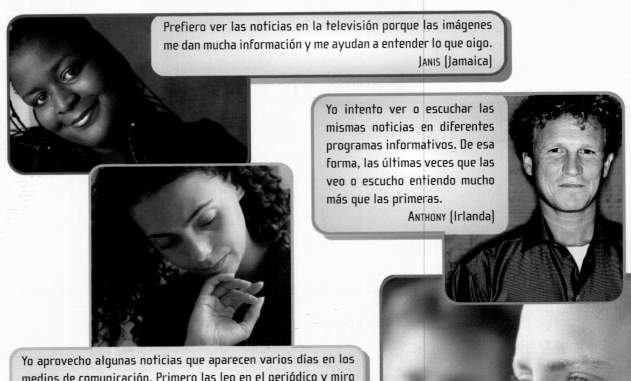

> Prefiero ver las noticias en la televisión porque las imágenes me dan mucha información y me ayudan a entender lo que oigo.
> JANIS (Jamaica)

> Yo intento ver o escuchar las mismas noticias en diferentes programas informativos. De esa forma, las últimas veces que las veo o escucho entiendo mucho más que las primeras.
> ANTHONY (Irlanda)

> Yo aprovecho algunas noticias que aparecen varios días en los medios de comunicación. Primero las leo en el periódico y miro el diccionario si lo necesito. Después, cuando ya tengo información sobre una determinada noticia y el lenguaje me resulta más fácil, veo la televisión o escucho la radio.
> ANA LOURENÇA (Brasil)

> Yo suelo leer periódicos de América Latina en Internet. Generalmente me fijo en los titulares y solo leo una noticia completa si me interesa mucho.
> FRANÇOIS (Canadá)

b) Piensa en las respuestas a estas preguntas y coméntalas con la clase.

● ¿Utilizas alguna de esas estrategias? ¿Y alguna otra?
● ¿Cuáles te parecen especialmente útiles? ¿Por qué?
● ¿Qué otras cosas puede hacer un estudiante con los medios de comunicación para aprender español?

c) ¿Utilizas los medios de comunicación para aprender español? ¿Cuáles? ¿Son de España o de América Latina? ¿Puedes contarles a tus compañeros alguna experiencia de aprendizaje positiva que has tenido con ellos?

LOS MEDIOS DE COMUNICACIÓN A DEBATE

15 a) Lee estas frases sobre los medios de comunicación. ¿Cuáles expresan opiniones positivas? ¿Y negativas? ¿Con cuáles estás de acuerdo y con cuáles no?

1. Tienen mucho poder e influyen fácilmente en la opinión de la gente.
2. Contribuyen permanentemente al enriquecimiento cultural de los ciudadanos.
3. Pueden manipular la información de diversas maneras: la modifican, omiten parte de ella, etc.
4. Sus profesionales, los periodistas, no siempre pueden ser objetivos: en ocasiones, sus ideas les impedirán serlo.
5. Nunca son completamente independientes: siempre dependen de algo o de alguien (el dinero, el poder, sus propietarios, etc.).

b) Busca a un compañero con el que compartas alguna de esas opiniones y preparad argumentos para defender esas ideas y otras que tengáis sobre los medios de comunicación.

c) Debatid todas esas opiniones con la clase. Exponed vuestros argumentos y tratad de rebatir las ideas de otros compañeros con las que no estéis de acuerdo.

d) Piensa en palabras o frases difíciles que se han dicho en el debate y, si lo deseas, anótalas.

RECUERDA

Comunicación

Decir con qué relacionamos algo

• La palabra *ejemplar* la relaciono con la prensa.

Gramática

OD + pronombre de OD + verbo

Comunicación

Redactar noticias

Transmitir lo dicho por otros (1)

• Ha llamado Emilio y ha dicho que quiere hablar contigo y que te llamará esta noche.

• Y añadió que no quería hablar más porque ya había dicho todo lo que tenía que decir.

Transmitir lo dicho por otros (2)

– Peticiones

• Me pidió que le enviara un fax con toda la información.

– Consejos

❑ ¿Y qué te ha aconsejado?

○ Que no trabaje tanto.

– Sugerencias

❑ ¿Y qué os dijo?

○ Nos sugirió que habláramos con Pilar.

– Órdenes

• Me ha ordenado que se lo entregue antes de las doce.

Gramática

Pretérito indefinido-pretérito imperfecto de indicativo (repaso)

(Ver resumen gramatical, apartado 19)

Utilización de tiempos verbales en el estilo indirecto:

– En indicativo

– En subjuntivo

(Ver resumen gramatical, apartado 20)

Comunicación

Opinar sobre los medios de comunicación

❑ Desde mi punto de vista, los medios de comunicación no son imparciales porque...

○ Bueno, depende; sí es cierto que..., pero...

Gramática

Expresión de opiniones y acuerdo o desacuerdo

(Ver resumen gramatical, apartados 4 y 5)

UN FRAGMENTO DE *CIEN AÑOS DE SOLEDAD*

1 a) Comenta con tus compañeros las respuestas a estas preguntas.

- ¿Qué sabes de Gabriel García Márquez?
- ¿Has leído alguna obra suya? ¿Cuál es la más famosa de ellas?
- ¿Te gusta lo que escribe y su estilo?

b) Lee este texto suyo y di cuál es la relación que crees que existe entre su contenido y los medios de comunicación.

EDICIONES ALFAGUARA S. A.

Gabriel García Márquez

Cien años de soledad

Meses después volvió Francisco el Hombre, un anciano trotamundos de casi 200 años que pasaba con frecuencia por Macondo divulgando las canciones compuestas por él mismo. En ellas, Francisco el Hombre relataba con detalles minuciosos las noticias ocurridas en los pueblos de su itinerario, desde Manaure hasta los confines de la ciénaga, de modo que si alguien tenía un recado que mandar o un acontecimiento que divulgar, le pagaba dos centavos para que lo incluyera en su repertorio. Fue así como se enteró Úrsula de la muerte de su madre, por pura casualidad, una noche que escuchaba las canciones con la esperanza de que dijeran algo de su hijo José Arcadio.

GABRIEL GARCÍA MÁRQUEZ:
Cien años de soledad

Latina

c] Busca en el texto palabras que significan:

- mensaje
- difundir
- viajero
- contar
- trayecto

d] Piensa en las respuestas a estas preguntas y coméntalas con la clase.

- ¿Quién es Francisco el Hombre? ¿Qué papel desempeña en Macondo y en los otros pueblos a los que va?
- ¿Conoces otras manifestaciones folclóricas a través de las cuales se transmite información o contenidos culturales? ¿Son actuales o pertenecen al pasado?

juego de vocabulario

1 a) Busca en las lecciones 5-8 y anota seis palabras o expresiones que te parezcan útiles y te resulten difíciles.

Palabras o expresiones difíciles

b) Muéstraselas a tu compañero; asegúrate de que las entiende y de que tú entiendes las suyas.

c) Jugad con otra pareja. Por turnos. Uno de vosotros dice una palabra a un miembro de la otra pareja, que debe construir una frase que contenga dicha palabra para conseguir dos puntos. Si no la dice correctamente y lo hace su compañero, obtienen un punto.

d) Pregúntales a tus compañeros qué estrategias han utilizado para memorizar las palabras con las que has tenido problemas. ¿Crees que también te pueden servir a ti?

2 a) Busca en las lecciones 5-8 estructuras gramaticales con las que tengas dudas y que consideres que necesitas repasar.

b) Trabaja con un compañero y comprueba si puede ayudarte a resolver esas dudas e intenta resolver las suyas. Si no estáis seguros, consultad al profesor.

c) Escribe frases incompletas que contengan las estructuras que necesita repasar tu compañero y pásaselas para que las complete. Si lo deseas, puedes copiarlas del libro o de tu cuaderno.

¡Qué pena que no .... (venir, tú) anoche! Con lo bien que nos lo pasamos.
...

d) Completa las que te pase tu compañero y, luego, corrige las que haya completado él. A continuación, comentad los posibles errores.

3 **a)** Lee este texto y explica por qué se citan estas palabras.

- aumentar
- reciclar
- árbol

Cada buzón "se traga" medio árbol al año

Los buzones domiciliarios se han convertido en un "tragadero" de desechos contaminantes sin ninguna posibilidad de ser reciclados. Para elaborar el papel que actualmente recibe en forma de publicidad un buzón a lo largo de un año, se necesita la madera de medio árbol, según la asociación ecologista Eguzki.

La mayor parte de ese papel contiene anuncios de comida a domicilio, ofertas para el hogar, compras por catálogo y rebajas de hipermercados.

Juan Mari Beldarrain, miembro de Eguzki, señala que el buzoneo de publicidad aumenta año tras año. En 1996, el papel recogido por buzón alcanzó los 920 gramos al mes; en 1997 llegó a los 1 260, y durante el mes de enero de 1998 ascendió a 1490.

 b) Escucha y anota las medidas que mencionan para evitar ese alto coste ecológico.

c) Y a ti, ¿te parece bien alguna de esas medidas? ¿Por qué? ¿Propondrías tú otras? Coméntalo con tus compañeros.

4 **a)** Lee este fragmento de un artículo en el que un periodista menciona algunas características que debe tener una noticia.

El objetivo del diario es comunicar hechos e ideas a un público lector heterogéneo; la obligación esencial de quien redacta una noticia es abstenerse de exponer sus ideas personales sobre los hechos de los que informa; las informaciones deben escribirse utilizando un estilo de redacción claro, preciso, fluido y didáctico, empleando un vocabulario común —pero no vulgar—, frases cortas y párrafos breves, con el objeto de que el contenido sea fácilmente comprensible para el lector.

ANTONIO FRANCO, *El País*, 21 de junio de 1985

b) Escribe tres preguntas sobre el texto y házselas a un compañero.

c) Ahora comenta con la clase las respuestas a estas preguntas.

- ¿Crees que los periódicos de tu país respetan totalmente o en parte lo que dice Antonio Franco? ¿Cuáles?
- ¿Y los periódicos españoles o latinoamericanos que conoces?

un poema

5 a) Lee este poema incompleto. Puedes usar el diccionario.

A ELISA

Para que los _____ con tus ojos grises,
para que los _____ con tu clara voz,
para que _____ de emoción tu pecho,
hice mis versos yo.

Para _____ gozar con mi alegría,
para que _____ tú con mi dolor,
para que _____ palpitar mi vida,
hice mis versos yo.

Para que encuentren en tu pecho asilo
y les _____ juventud, vida y calor,
tres cosas que yo ya no puedo darles,
hice mis versos yo.

Para poder poner ante tus plantas
la ofrenda de mi vida y de mi amor,
con alma, sueños rotos, risas, lágrimas,
hice mis versos yo.

GUSTAVO ADOLFO BÉCQUER: *Rimas*

b) Complétalo con estas formas verbales. Luego, escucha y comprueba.

- cantes
- sufras
- sientas
- des
- hacerte
- llenen
- leas

c) ¿Tiene este poema un tono optimista o pesimista? Explícaselo a tus compañeros.

d) Escúchalo de nuevo y presta especial atención a la entonación, a las pausas y al ritmo.

e) Escucha cada verso y repítelo las veces que consideres necesarias. No te olvides de unir algunas palabras con otras que empiezan por vocal. Por ejemplo: "tus ojos", "de emoción".

f) Ahora recítalo ante un compañero y escúchale a él recitarlo. Comentad si creéis que podéis recitar mejor alguna parte del poema e intentadlo.

g) Comenta con tus compañeros las respuestas a estas preguntas.

- ¿Lees poemas en tu lengua? ¿Cuándo y por qué lo haces?
- ¿También lees poesía en español? ¿Se lo recomiendas a tus compañeros?

la revista de la clase de español

6 Vais a elaborar una revista de clase: así podréis escribir en ella sobre temas que os interesen y disfrutar leyendo en español.

a) Elegid entre todos:

- El nombre de la revista.
- El diseño (tamaño, número de páginas, inclusión de fotos o ilustraciones, etc.).

b) ¿Cuáles de estas secciones os gustaría que tuviera vuestra revista? Decididlo en grupo-clase.

espectáculos   editorial   entrevistas   noticias locales   deportes

humor y pasatiempos   noticias internacionales   cartas de los lectores   noticias del centro de estudios

c) Comentad qué se puede hacer para cada sección.

Para la sección de humor podemos dibujar chistes o recortarlos de periódicos o revistas y escribir el texto en español.

d) Elegid a cuatro o cinco compañeros que se encargarán de:

- recoger y seleccionar vuestros textos, fotos e ilustraciones
- organizar y distribuir los contenidos en páginas
- editar la revista

e) ¿Para qué sección te gustaría escribir algo? Díselo a tus compañeros y decidid entre todos:

- quién o quiénes colaborarán en cada sección
- si lo van a hacer en grupos o individualmente
- la fecha de entrega de los textos

f) Una vez editada la revista, leedla y hablad sobre ella en clase.

- ¿Qué es lo que más os gusta de ella?
- ¿Qué cambiaríais si la elaborarais de nuevo?
- ¿Os gustaría elaborar más números? ¿Con qué frecuencia?

Repaso

5·6·7·8

¿bien o mal?

7 Asegúrate de que entiendes las instrucciones de este juego.

INSTRUCCIONES

1) En grupos de tres o cuatro. Juega con un dado y una ficha de color diferente a la de tus compañeros.

2) Por turnos. Tira el dado y avanza el número de casillas que indique.

Salida

11
- Cada vez lo veo más claro: por descansar no hay nada como el campo.
- Desde luego.

12
- ¿A qué hora te has puesto a estudiar?
- No sé, pero serían ya las ocho.

23
- ¿Qué tal es esa película?
- Pues, hombre, no está mal.

24
- ¿Me dejas alguno estos cómics?
- Sí, sí. Llévate todos los que quieras.

10
- ¿Te has enterado de lo de Patricia?
- Sí, me lo dijo Víctor ayer.

13
- ¡Qué disco más bueno!
- Sí, ¿verdad? Es uno de los mejores que tengo.

22
- ¿Vas a volver pronto?
- ¿Cómo dices? Que vas a volver pronto.

25
- A mí me parece estupendo que la gente vaya al trabajo en transporte público.
- A mí también.

1

2

9
- ¿Sabes que puede que me trasladen a Valencia?
- ¡Sí? ¡Qué bien!

14

21

26
Mira, esta es Laura, la compañera de que te he hablado tanto.

3

8
- ¿Cuándo puedo venir a recogerlo?
- Pues estará listo para el martes.

15

20
- Sí, está de recepcionista en un hotel de la costa.

27
- Recuérdaselo cuando la ves.
- De acuerdo. Ya lo diré.

4
- Mire, me ha ocurrido una idea que puede que le guste, pero necesito salir.

7
- ¿A que no sabes quién acabo de ver?
- Ni idea.

16
- Mira, yo creo que lo mejor es que se lo preguntes a él.
- Sí, tengo que preguntárselo.

19
- ¿Sabes algo de Eva?
- Sí, está de recepcionista en un hotel de la costa.

28
- Oye, ¿y qué es de tu vida?
- Pues nada, trabajando, como siempre.

5
- Me da igual que vayamos a un sitio o a otro.
- Vamos a ver.

6
- ¿Es la primera vez que va a Chile?
- No, el año pasado ya estaba dos semanas allí.

17
No fui a trabajar como no me encontraba bien.

18
Me da rabia que siempre pase lo mismo y que las víctimas sean siempre las mismas.

29
Llegó cuando estuvimos comiendo y luego se quedaba muy poco tiempo.

3) Si caes en una casilla con una o varias frases, decide si están bien o mal y, en este caso, corrígelas.

4) Si tus compañeros están de acuerdo con lo que dices, quédate en esa casilla. Si no están de acuerdo contigo, preguntadle al profesor quién tiene razón. Si estás equivocado, vuelve a la casilla donde estabas.

5) Si caes en el principio de una escalera, súbela. Si caes en el agujero de un pozo, baja hasta el final.

Tablero de juego (La oca / juego de casillas):

LLeGada

35. • ¿Qué tal se te dan las matemáticas? / - Bastante bien. La verdad es que no me resultan muy difíciles.

36. • ¿Sabes en qué año se inventó el teléfono? / - Si lo sabía, sí, pero se me ha olvidado.

47. • ¿Quieres que salgamos? / - Por mí, podemos quedarnos en casa. No tengo especial interés en salir.

48. Ha dicho que lo traerá para que lo vemos.

58. • Y cuando me pidió que la llevaba al aeropuerto me quedé de piedra. / - Ya me imagino.

34. • ¡Ah! Pues esto es más fácil de lo que pensaba.

37. • Mire, yo le sugiero que descansa y que trata de olvidarse de todo.

46. Me gustaría que todos estuviéramos algo más relajados.

49. Es increíble. En mi vida había visto una cosa igual.

57. [pozo]

33. • ¡Pero qué sorpresa! ¡Tú por aquí! / - Pues sí... he venido a ver qué hacías.

38. Mire, yo le sugiero que descansa y que trata de olvidarse de todo.

45. Lo arreglamos, y a los dos días volvió a estropearse, puesto que compramos otro.

50. [pozo]

56. • Entonces me aconsejas que vaya a esa exposición, ¿no? / - Sí, sí. No la pierdas.

32. [pozo]

39. Desde luego es injusto que le hagan eso. Con la buena persona que es....

44. [escalera]

51. • ¿No te gusta? / - No, no es que no me gusta, es que ahora no me apetece.

52. Con la buena persona que es....

55. • bueno, ¿y con quién tengo que hablar? / - Con cualquier de ellos. Los tres conocen el caso.

31. • ¿Y qué os dijo? / - Que si queríamos, podíamos quedarnos allí.

40. • ¿Te has dado cuenta que Susana se ha vuelto muy responsable? / - ¿Tú crees?

43. • ¿No te parece un poco extraño que esté tan callado? / - Sí es un poco extraño, sí. Con lo que le gusta hablar....

53. • ¿No hay ningún otro restaurante abierto? / - Conozco uno que a lo mejor esté abierto.

54. Si tuviera más tiempo libre, leería bastante más.

30. • ¿Quiere que le eche una mano? / - No, gracias. Si ya casi es terminada.

41. • ¡Cuánto me alegro de que me hayas llamado! / Muchísimas gracias, Bernardo.

42. • ¡Cuánto me alegro de que me hayas llamado!

9

Carácter y relaciones personales

1 a) Todos estos adjetivos sirven para describir el carácter de una persona. Elige tres que te resulten nuevos y búscalos en el diccionario.

- espontáneo
- ambicioso
- superficial
- educado
- sincero
- orgulloso
- cobarde

- imprudente
- ingenuo
- imaginativo
- irónico
- cariñoso
- hipócrita
- injusto

- inmaduro
- irresponsable
- humilde
- impaciente
- tímido
- miedoso
- irreflexivo

- valiente
- sencillo
- insensible
- honrado
- exagerado
- fiel
- encantador

b) Pregúntales a tus compañeros el significado de los que no conozcas.

c) ¿Cuáles de esos adjetivos tienen un sentido negativo? ¿Qué artículos puedes emplear con ellos para referirte a aspectos negativos del carácter de una persona?

2 a] Escucha las palabras de la actividad 1a) y subraya la sílaba más fuerte.

b] ¿Cuáles te parecen más difíciles de pronunciar? Practícalas con la ayuda del profesor.

3 a] Di lo contrario de:

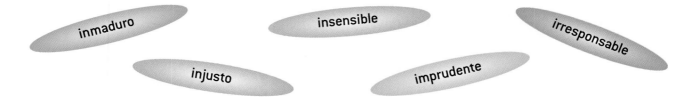

inmaduro

insensible

irresponsable

injusto

imprudente

b] En parejas. ¿Qué creéis que ocurre con el prefijo *in*– cuando lo ponemos delante de una palabra que empieza por *p*? ¿Y delante de una que empieza por *r*? Intentad citar algunos ejemplos aplicando esas reglas gramaticales.

4 a] En parejas. Completad este cuadro con los sustantivos correspondientes a los adjetivos de la actividad 1 (hay cinco adjetivos que sobran).

–DAD	–CIA	–EZ	–ÍA	–CIÓN
espontaneidad	imprudencia	inmadurez	valentía	ambición
ingenuidad	....	sencillez	....	imaginación
irresponsabilidad	....	....	....	....
superficialidad		....	....	....
humildad				
....				
....				
....				

b] ¿Sabéis cuáles son los sustantivos correspondientes a los cinco adjetivos con los que no habéis formado un sustantivo?

c] Comprobad si habéis escrito las palabras del apartado 4a) correctamente.

5 a] ¿Qué palabras del apartado 4 tienen diptongo? Anótalas.

Espontaneidad, ...

b] ¿Cuál es la sílaba más fuerte de esas palabras?

c] Escucha cómo las dice el profesor.

EL HORÓSCOPO

6 a) Lee estos textos y elige el que mejor describa tu carácter.

1.
Eres una persona soñadora, sensible, sentimental y receptiva. La gente puede influirte con cierta facilidad, y a menudo dejas para mañana lo que puedes hacer hoy.

2.
Extrovertido, sincero, alegre y activo. Te encanta la aventura. Eres independiente y no te gusta recibir órdenes. Te sientes muy seguro de ti mismo.

3.
Eres selectivo, práctico, crítico, justo y exigente. El orden y las cosas bien hechas te dan seguridad. No te gusta ser el centro de atención y tienes una memoria excelente.

4.
Eres muy activo y te encanta estar ocupado, pero te aburres fácilmente y dejas muchas cosas sin acabar. Vives la vida con entusiasmo y tienes mucho sentido del humor.

5.
Eres reservado, responsable, intuitivo y apasionado. Tienes mucha energía y se te dan muy bien los negocios. Sabes lo que quieres y no te resulta difícil tomar decisiones.

6.
Tienes mucha paciencia y una gran capacidad de concentración y de trabajo. Eres optimista, honrado, imaginativo, idealista y extrovertido: no te resulta difícil comunicarte con los demás.

7.
Eres activo, curioso, espontáneo, sincero y comunicativo. Te adaptas rápidamente a las circunstancias y no eres muy constante. Pareces estar siempre muy ocupado y necesitas el cambio y la variedad para sentirte feliz.

8.
Casero y organizado, te atrae la seguridad y no eres amigo de los cambios. Te cuesta cambiar de opinión. Te gusta ayudar a los demás y administras muy bien el dinero.

9.
Eres imaginativo, orgulloso, generoso, romántico y muy sociable. Tienes mucha energía y madera de líder. Te encanta que la gente se fije en ti.

10.
Introvertido, tímido, serio, honrado y responsable. Eres una persona en la que se puede confiar. Te gusta la disciplina y sabes imponer respeto. Tienes miedo al ridículo y cuidas mucho tu imagen.

11.
Eres diplomático y buscas el equilibrio en todas las situaciones. Necesitas juzgar todo antes de tomar una decisión. Eres perfeccionista, te atraen las cosas de calidad y sabes vivir bien.

12.
Cariñoso, fiel, familiar y reservado, eres muy sensible y vulnerable. Odias los enfrentamientos y puedes cambiar de humor sin motivo aparente. Se te dan muy bien los negocios y siempre estás dispuesto a echar una mano.

b] Dile a tu profesor cuál es tu signo del Zodiaco y te confirmará si has elegido el texto que corresponde a tu signo.

c] Selecciona el texto que mejor describa el carácter del compañero que te asigne el profesor y dile a tu compañero cuál has elegido. Él te confirmará si has acertado.

d] ¿Estás de acuerdo con esa breve descripción de tu carácter? ¿Te interesa la astrología? ¿Sueles leer el horóscopo del día? Coméntalo con tus compañeros.

7 a] Vas a escuchar a dos amigos, escorpio y leo, comentar la descripción que el horóscopo hace de su carácter.
Antes de escuchar, copia en este cuadro las cualidades que les otorga el horóscopo.

> ### Escorpio
> Según el horóscopo: reservado, responsable...
> Según él: ...
>
> ### Leo
> Según el horóscopo: imaginativa, orgullosa...
> Según ella: ...

b] Escucha y marca con una raya aquellas cualidades con las que están de acuerdo, y con una cruz aquellas con las que no están de acuerdo.

c] Vuelve a escuchar. Añade otras cualidades que se atribuyen ellos mismos.

8 Piensa en un personaje famoso y describe su carácter a tus compañeros. Ellos van a intentar adivinar quién es y para ello te harán preguntas a las que tú solamente puedes responder *sí* o *no*.

- *Es un poco irónico y bastante exagerado. Tiene mucha imaginación... Una de sus mayores virtudes es (que)... En cuanto a sus defectos,...*
- *¿Está relacionado con el mundo del espectáculo?*
- *No... Además, se ha vuelto un poco orgulloso, antes no era así...*

9 Coméntale a tu compañero qué le pides a una persona o qué esperas de una persona con la que te vas a ir de vacaciones o vas a compartir una casa. Decidid si podríais pasar unas vacaciones juntos o compartir una casa.

Espero que sea imaginativa y que se comporte de manera responsable porque...

También le pido que haga las cosas con naturalidad y que no actúe imprudentemente...

SENTIMIENTOS

10 a] Asegúrate de que entiendes lo que dicen estas personas. ¿Compartes alguno de sus sentimientos?

> Detesto a la gente que miente continuamente.

> Me gusta la gente que tiene sentido del humor y me encanta que mis compañeros me gasten bromas.

> Me divierte que mis amigos sean un poco exagerados.

> No soporto que la gente se comporte de manera hipócrita.

> No aguanto a las personas que siempre están hablando de ellas mismas ni a las que siempre llevan la contraria.

> Me molesta la gente que no tiene un mínimo de sensibilidad.

b] Fíjate en qué casos se ha utilizado el indicativo y en cuáles el subjuntivo.

c] En parejas. Tratad de formular las reglas de uso del indicativo y del subjuntivo en esas estructuras.

d] Escribid algunos ejemplos aplicando vuestras reglas.

e] Por último, comprobad si se cumplen esas reglas y si son correctas.

11 a) ¿Quién conoce mejor al otro? Piensa en el compañero que te indique el profesor y escribe siete frases sobre sentimientos suyos usando los verbos de la actividad anterior.

A (Paolo) le molesta que...

b) Díselas para que te confirme cuántas son ciertas y podáis saber quién conoce mejor a su compañero.

Te molesta que...

12 a) Ordena en una lista, de más a menos, cinco cualidades que valoras positivamente en una persona.

1. Que sea sensible.
2. ...

b) Ahora haz otra lista ordenada de cinco cualidades que tú consideras defectos en una persona.

1. Que no sea sincera.
2. ...

c) En parejas. Comentad las dos listas anteriores. ¿Tenéis muchas coincidencias?

● *Me encanta que...*
      la gente que...
● *Pues a mí...*
      yo...

13 a) Completa esta tabla con nombres de personas que conoces (trata de que no sea siempre la misma).

Una persona con la que te llevas muy bien.	
Una persona que te cae bastante mal.	
Una persona a la que admiras.	
Una persona en la que confías mucho.	
Una persona de la que desconfías un poco.	
Una persona a la que te pareces mucho.	

b) En parejas. Comenta la tabla con un compañero y explícale los motivos de tu elección. ¿Coincidís en algo?

14 a] Lee la letra incompleta de esta canción e intenta predecir qué palabras faltan.

NUESTRA AMISTAD

Creí estar sola,
cuando descubrí
que en ese momento
alguien me ....

Solo fue un gesto:
me sonrió;
con la luz de su cara
me .... mejor.

Sé que es difícil
acercarse a alguien.
Deseo ser la más valiente
para vencer mi
....

En los tiempos que corren
nos da miedo .... ,
abrirnos demasiado,
pero no puedo negarlo,
quiero tu ....

Te debo tanto
que, aunque todo salga mal,
aunque estemos lejos,
yo nunca te ....

Quiero que ....
que tu vida forma parte de mí.

Si hay ....
que es verdad
es nuestra amistad.

Creí estar sola,
cuando descubrí
que en ese momento
velabas por mí.

AURORA BELTRÁN

b] Completa la canción con estas palabras.

sentí	amistad	timidez	algo
sepas	miraba	amar	faltaré

 c] Escucha y comprueba.

d] Di con tus propias palabras qué es la amistad para la autora de la canción.

e] ¿Y qué es para ti? ¿Qué te sugiere esa palabra? Díselo a tus compañeros.

f] Piensa en las respuestas a estas preguntas y coméntalas con la clase.

- ¿Estás de acuerdo con la autora de la canción en que actualmente no es fácil relacionarse con la gente?
- ¿Tienes muchos amigos y amigas? ¿Hace mucho que los tienes?
- ¿Te resulta fácil mantener la amistad?

g] Piensa en un buen amigo o amiga y diles a tus compañeros cómo os conocisteis, cómo es, cuáles son sus mejores cualidades, etc.

ESTRATEGIAS DE APRENDIZAJE

15 a] Haz una lista con lo que has visto en esta lección que creas que necesitas repasar y practicar más. Explica por qué.

b] ¿Cómo vas a repasarlo y practicarlo fuera del aula? ¿Cuáles te parecen las formas más útiles y efectivas de hacerlo? Coméntalo con tus compañeros y comprueba si alguno de ellos dice algo que tú no haces y te parece interesante.

RECUERDA

Comunicación

Describir el carácter de una persona

- Es una chica un poco impaciente, muy espontánea y que siempre hace las cosas con naturalidad. Su mayor virtud es la sinceridad; su mayor defecto, que es bastante exagerada.

Gramática

Formación de palabras:
– Prefijos: formación de contrarios

- maduro → inmaduro

(Ver resumen gramatical, apartado 11.2)

– Sufijos: formación de sustantivos a partir de adjetivos

- espontáneo → espontaneidad

(Ver resumen gramatical, apartado 11.1.2)

Comunicación

Expresar lo que se le pide a una persona o se espera de ella

- De un amigo espero que me ayude cuando lo necesite.
- A una persona que va a compartir casa conmigo le pido que respete mi forma de vida.

Gramática

Esperar / Pedir que + subjuntivo (repaso)

Comunicación

Expresar gustos

- Me encanta la gente que tiene sentido del humor.
- Me encanta que la gente tenga sentido del humor.

Gramática

Me gusta / Me encanta / Odio / Detesto que la gente + subjuntivo

Odio / detesto a la gente que + indicativo

Me gusta / me encanta la gente que + indicativo

(Ver resumen gramatical, apartado 8)

Comunicación

Expresar fastidio

- Me fastidia la gente que no cumple lo que promete.
- Me fastidia que la gente no cumpla lo que promete.

Gramática

Me molesta / fastidia / horroriza que la gente + subjuntivo

No soporto / aguanto que + subjuntivo

No soporto / aguanto a la gente que + indicativo

Me molesta / fastidia la gente que + indicativo

(Ver resumen gramatical, apartado 10.6)

LOS CONTADORES DE CUENTOS EN AMÉRICA LATINA

1 a) ¿Qué crees que es un contador de cuentos o cuentacuentos?

b) Lee y comprueba.

Los "cuenteros" retoman la palabra

Más de 800 personas se dieron cita en el último Encuentro Internacional de Narración Oral que se celebra desde 1995 durante la Feria Internacional del Libro de Buenos Aires. La gente, procedente de distintos lugares de Argentina y de países vecinos, quería volver a escuchar cuentos, pero también aprender a contarlos: descubrir las sutilezas del ritmo y los misterios de la voz, ajustar el gesto y el ademán. [...]

Cada año se celebran encuentros, festivales y coloquios, como el Festival Iberoamericano de Cuentos Abra Palabra en Bucaramanga, Colombia; el Festival Iberoamericano de Narración Oral Escénica en Monterrey, México, y la Muestra Anual de Narración Oral Escénica de Agüimes, en Gran Canaria, España.

La narración oral está, pues, en pleno auge en Latinoamérica, desde hace quince años. Sin embargo, no se trata de un renacimiento de los cuentos de la tradición oral latinoamericana, sino más bien de una moda de lo oral. [...] No obstante, la tradición oral en América Latina es muy rica, pues es el resultado de la mezcla de tres sociedades históricamente orales: la indígena, la africana y, en menor medida, la criolla. [...]

Latina

Ya sea con cuentos ancestrales o postmodernos, los narradores orales están devolviendo a los latinoamericanos el rito de escuchar historias, esos imborrables momentos de comunión iniciados por padres y abuelos a través de los primeros cuentos. Un espectáculo que suele provocar una emoción inédita en un mundo regido por la omnipresente pantalla: la comunicación directa, de tú a tú, entre un público y un ser humano de carne y hueso que lo mira a los ojos y le exige aguzar la imaginación para no pasar al lado del único cuento sobre la tierra que, quizá, podrá redimirlo.

ASBEL LÓPEZ en *El Correo de la UNESCO*, mayo de 2001

c] Lee de nuevo y escribe, con la ayuda del diccionario, un sinónimo o el significado de:

auge

criolla

ancestrales

inédita

omnipresente

2 Comenta con tus compañeros lo que te haya parecido más interesante o sorprendente del texto.

3 ¿Has asistido alguna vez a un espectáculo de cuentacuentos? En caso afirmativo, descríbelo y valóralo.

lección

10

Estados físicos y animicos

OBJETIVOS

- Expresar estados físicos y anímicos
- Expresar sentimientos
- Hablar de cambios de estado anímico
- Hablar de las posibles consecuencias de una acción

1 **a)** Lee el título de este artículo y piensa en la información que creas que va a aparecer en él. Luego, coméntalo con tus compañeros.

LA RISA, REMEDIO INFALIBLE

Ana Cecilia Montoya está convencida de que su buen humor es responsable, en gran parte, de su envidiable estado de salud.

Ella, una publicista de 31 años, es admirada por sus antiguas compañeras de universidad y por sus actuales colegas de la empresa en la que labora, porque es de esas personas a las que muchos quieren tener como compañera: [...] con mucha chispa, imita personajes, cuenta chistes, les saca el lado cómico hasta a las situaciones más embarazosas.

Su esposo, sus hijos y su propio jefe destacan su alegría. "No es que a todas horas me esté riendo, trato de no ser pesada. Pero soy consciente de que es muy importante estar de buen genio,

porque a medida que uno ríe les saca partido a las cosas buenas de la vida y no se inventa enfermedades. En cambio, la gente que siempre está mal encarada, rabiosa, se mantiene enferma, con los nervios de punta, con gastritis, dolores de cabeza y otros males."

Sin proponérselo, Ana Cecilia practica una disciplina que, aunque con muchos años de vigencia a escala mundial, en Colombia apenas se empieza a conocer [...]: la terapia de la risa, una técnica que se aplica para la prevención y el tratamiento de algunas enfermedades. [...]

En Europa y Estados Unidos la risoterapia —como popularmente se conoce esta metodología— se viene estudiando y practicando desde hace más de 25 años. [...]

Una buena dosis de carcajadas al día produce múltiples beneficios físicos, entre los que se cuentan la relajación y tonificación muscular —una buena risa explosiva hace mover 400 músculos en todo el cuerpo—, la mejora de la digestión al hacer vibrar el hígado, combate el estreñimiento, estimula las funciones respiratoria y circulatoria, y fortalece el corazón.

El País, Colombia, 17 de noviembre de 2002 (adaptado)

b) Lee el artículo rápidamente y comprueba si hace referencia a lo que habéis pensado.

c) Léelo otra vez y contesta a estas preguntas.

- ¿Por qué admiran a Ana Cecilia sus compañeros de estudios y de trabajo?
- ¿Qué efectos positivos de la risa se mencionan en el artículo?

d] ¿Qué palabras importantes del texto del apartado 1a) no entiendes? En grupos de tres, comentad su posible significado; el contexto os puede ayudar. Luego, preguntadle al profesor por las que aún no conozcáis.

e] Y tú, ¿te ríes mucho al cabo del día? ¿Serías capaz de calcular los minutos diarios? ¿En qué situaciones y con qué tipo de personas te ríes más? Coméntalo con la clase.

2 a] Asegúrate de que entiendes estas expresiones.

Estar	a	gusto
		disgusto
	de	broma
		buen/mal humor
	en	forma
		baja forma
		tensión
	hasta las narices	
	hecho/-a polvo	
No estar para bromas		

b] ¿Cuáles de las expresiones del apartado anterior se usan para referirse a estados físicos? ¿Y a estados de ánimo?; algunas pueden usarse en ambos casos. ¿Con cuáles de ellas asocias la risa?

c] ¿Puede servir alguna de esas expresiones para referirte a algún estado físico o de ánimo que sientas actualmente?

Estoy muy a gusto en esta clase.

3 a] Selecciona las expresiones de la actividad 2a) que utilizamos para describir estados negativos. Piensa cómo reaccionas cuando te encuentras así y qué haces para superar esos estados. Luego, escríbelo.

Cuando estoy de mal humor (procuro no darle demasiada importancia al motivo de mi enfado. También trato de...)

b] Compara lo que has escrito con un compañero. ¿Haces lo mismo que él?

4 Lee las siguientes frases y responde a las preguntas con un compañero.

> Dormir una siestecita es muy relajante.

> La verdad es que ahora estoy muy relajada.

- ¿Qué palabra se usa para describir el estado de una persona?
- ¿En qué caso se ha utilizado el verbo *estar*? ¿Puedes decir dos verbos que podrían emplearse en su lugar?
- ¿Qué otro verbo podemos usar en lugar de *ser* en la otra frase?

5 a] Completa estos cuadros con las palabras que faltan.

–AR		
verbo	adjetivo	participio
relajar	relajante	relajado/-a
estimular		
emocionar		
agobiar		
preocupar		
frustrar		
estresar		
fascinar		
alucinar		
...		

–ER, –IR		
verbo	adjetivo	participio
deprimir	deprimente	deprimido/-a
sorprender		
...		

b] Añade en los cuadros anteriores otros verbos que sirven para expresar estados físicos o anímicos, y sus adjetivos y participios. Algunos tienen una forma única, como *cansado*.

6 a] Elige las palabras de la actividad 5a) que te parezcan más útiles o difíciles y escribe frases con ellas. Procura utilizarlas en un contexto muy claro.

Puede ser muy frustrante querer hacer algo y no poder hacerlo.

b] Trabaja con un compañero. Dile, en cada caso, toda la frase que has escrito excepto la palabra del apartado 5a), que él tiene que adivinar.

> Puede ser muy ... querer hacer algo y no poder hacerlo.

> frustrante

7 ¿Qué sentimientos y sensaciones tienes o has tenido como estudiante de español? Comprueba si les ha ocurrido lo mismo a tus compañeros.

A mí me resulta muy estimulante utilizar fuera de clase lo que acabo de aprender en clase.

SENTIMIENTOS Y CAMBIOS DE ESTADO

8 a] Intenta formar expresiones con elementos de las dos columnas y anótalas. Luego comprueba con el diccionario.

dar poner hacer	nervioso/-a pena enfermo/-a gracia lástima miedo de buen / mal humor igual histérico/-a vergüenza ilusión rabia

b] Fíjate en estas frases y di cuándo utilizamos el subjuntivo.

- Me pone de mal humor llegar tarde a las citas.
- Me pone de mal humor que la gente llegue tarde a las citas.
- Me cansa hacer siempre lo mismo.
- Me cansa que hagas siempre lo mismo.

9 a] ¿Con cuáles de estas frases te identificas?

Me pone nerviosa que no me escuchen cuando hablo.

Me pone de buen humor empezar el día escuchando música.

A veces me sorprende que yo sea capaz de hacer ciertas cosas.

Me pone histérico la gente malpensada.

Me da igual que la Bolsa suba o baje; no me interesa nada.

Me da pena que cada vez sea más difícil hacer amigos.

Me hace mucha ilusión que mis amigos me visiten sin avisar.

b] Cambia lo que quieras en las frases con las que no te identificas, de manera que expresen tus propias reacciones y sentimientos.

10 a] Observa las ilustraciones. ¿Qué sentimientos te producen esos comportamientos?

 b] Escucha cinco conversaciones. ¿A qué ilustración del apartado anterior hace referencia cada una?

 c] Vuelve a escuchar las conversaciones. ¿Qué sentimientos generan esas acciones en las personas que hablan? ¿Coinciden con los tuyos?

11 a] Completa estas frases expresando reacciones y sentimientos tuyos.

1. .... que me mientan.
2. .... que me ayuden cuando me hace falta.
3. .... que la gente hable alto en un lugar público.
4. .... que me digan lo que creen que quiero oír.
5. Me hace gracia que ....
6. Me deprime ....
7. Me da igual ....
8. Me emociona ....

b] Coméntalas con tus compañeros. ¿Coincides con alguno de ellos?

12 a] ¿Conoces bien a tu compañero? Escribe cinco frases expresando las reacciones que creas que provocan en tu compañero ciertos hechos o actitudes.

A... le hace gracia...

b] Díselas para que te confirme cuáles son ciertas e informa a la clase de las reacciones que has adivinado.

EL ESTRÉS

13 a) ¿Recuerdas el significado de la palabra *estrés*? ¿Sabes de qué palabra de otra lengua procede?

b) Comenta con tus compañeros las respuestas a estas preguntas.

- ¿Crees que actualmente hay mucha gente que sufre estrés?
- ¿En qué profesiones piensas que se dan más casos?

c) Lee y comprueba.

> Adolfo Calle, presidente de la Sociedad Valenciana de Psiquiatría, dice que un 75% de los trabajadores occidentales sufre estrés. Entre los profesionales más propensos a padecerlo, destaca a los profesores de ciudad, policías, mineros, controladores aéreos, periodistas, médicos, camareros y agentes de Bolsa.
>
> *El País*, 3 de julio de 1993

d) Como habrás visto, esa noticia es de 1993. ¿Consideras que ahora hay más personas que padecen estrés? Coméntalo con tus compañeros.

14 a) Averigua el significado de las palabras y expresiones que no entiendas.

puños   nuca   contraídos   suspirar

tic   respaldo (de una silla)   (dormir) de un tirón

b) Todas ellas van a aparecer en algunas preguntas de un cuestionario sobre el estrés. Antes, trabaja con tu compañero e intentad formular preguntas con algunas de esas palabras y expresiones.

¿Sientes a menudo tensión en la nuca?

c] Lee las preguntas de este cuestionario adaptado del libro *Cómo prevenir el estrés*, de P. Torrabadella, y comprueba si habéis acertado alguna.

	nunca o casi nunca	pocas veces	algunas veces	bastante a menudo	siempre o casi siempre
1. ¿Siente que le falta tiempo para todo lo que hace?					
2. ¿Pierde el control de los acontecimientos de su vida?					
3. ¿Piensa que la gente hace las cosas despacio?					
4. ¿Necesita comprobar lo que han hecho los demás porque cree que lo han hecho mal?					
5. ¿Mantiene los brazos contraídos o cierra los puños?					
6. ¿Nota tensión en el cuello, los hombros y la nuca?					
7. ¿Con qué frecuencia se cansa?					
8. ¿Suspira ahora más que antes?					
9. ¿Tiene tics, golpea repetidamente con los dedos o mueve mucho los pies?					
10. ¿Se sienta en el extremo de las sillas o parece que está preparado para levantarse?					
11. ¿Cree que la gente tarda en arrancar el coche cuando el semáforo se pone verde?					
12. ¿Duerme con interrupciones, de forma superficial o en tensión?					
13. ¿Necesita tomar algo para poder seguir (café, chocolate...)?					
14. ¿Dedica cada día un tiempo a usted mismo?					
15. ¿Planifica y sigue con ilusión sus proyectos personales?					
16. ¿Le gusta detenerse a observar detalles de las personas o las cosas?					
17. ¿Le gusta compartir y sentir que trabaja en equipo?					
18. ¿Aprecia el encanto de los momentos de descanso durante el día?					
19. ¿Se siente ágil y en buena forma física?					
20. ¿Se siente feliz y a gusto?					
21. ¿Utiliza su respiración para controlar las situaciones?					
22. ¿Le han dicho que su aspecto físico parece el de una persona de menos años?					
23. ¿Al sentarse, ocupa todo el asiento y se apoya en el respaldo?					
24. ¿Cree que la gente hace las cosas a un ritmo suficientemente rápido?					
25. ¿Duerme profundamente y de un tirón?					
26. ¿Tiene suficiente energía para sus actividades diarias: domésticas, profesionales...?					

d] Señala tus respuestas en el cuestionario.

e] Calcula e interpreta el resultado. ¿Estás de acuerdo con él? ¿Hay algo que te sorprenda?

PUNTUACIÓN

Nunca o casi nunca: 1 punto
Pocas veces: 2 puntos
Algunas veces: 3 puntos

Bastante a menudo: 4 puntos
Siempre o casi siempre: 5 puntos

INTERPRETACIÓN

PREGUNTAS 1-13:
- De 13 a 26 puntos: nivel de estrés bajo o nulo.
- De 27 a 52 puntos: nivel de estrés moderado.
- De 53 a 65 puntos: nivel de estrés importante.

PREGUNTAS 14-26:
- De 13 a 26 puntos: nivel de relajación bajo o nulo.
- De 27 a 52 puntos: nivel de relajación moderado.
- De 53 a 65 puntos: nivel de relajación importante.

A la puntuación de las 13 primeras preguntas (1-13) se le resta la puntuación de las 13 últimas (14-26). Con el número resultante, se obtiene la interpretación:

- Positivo superior a 30: persona con estrés.
- Positivo superior a 10: persona con posibilidades de llegar a tener estrés.
- Entre 10 positivo y 10 negativo: equilibrio entre estrés y relajación.
- Negativo por debajo de 10: no es fácil que llegue a padecer estrés.
- Negativo por debajo de 30: persona relajada y muy alejada del estrés.

15 a] Lee este otro texto del mismo autor y asegúrate de que entiendes todo.

CONSEJOS GENERALES PARA EVITAR EL ESTRÉS

1. Evitar las tensiones y situaciones que se sabe de antemano que producirán tensión.
2. Practicar alguna actividad deportiva: correr, caminar, ir en bicicleta, nadar, etc.
3. Tomar vacaciones para descansar, no para hacer aún más cosas.
4. Planificar la jornada pensando en lo que se puede hacer en un día. Tener en cuenta que pueden ocurrir acontecimientos inesperados.
5. Aprender a decir no. No sentirse obligado a hacer cosas no deseadas. Solo producirán un estrés innecesario.
6. Dormir lo suficiente, manteniendo hábitos de sueño sanos.
7. No seguir rígidamente unos principios estrictos. Las normas son algo bueno, pero de vez en cuando se debe intentar ser un poco despreocupado.
8. Evitar excederse en el trabajo y evitar los días de 48 horas. Si algo resulta desbordante, se debe dejar.
9. Perder un poco el tiempo. Eso permite descansar y ver las cosas de otra manera.
10. ¡Divertirse más! ¡Solo se vive una vez!

b] ¿Haces tú alguna de esas cosas? ¿Con qué frecuencia? ¿Consideras que existen otras formas de evitar el estrés? ¿Las practicas? Coméntalo con dos o tres compañeros.

16 a] Escucha una conversación entre dos amigos, Luisa y Julio, y señala las situaciones que le producen estrés a cada uno de ellos. Escribe sus iniciales.

El trabajo [ ]   La falta de sueño [ ]   El tráfico [ ]

b] Vuelve a escuchar la conversación. ¿Qué hacen para intentar evitar el estrés en esas situaciones?

> CÓMO EVITAR EL ESTRÉS
> A. Escuchar la radio...
> B. Pensar en la jubilación
> C. Pensar en las vacaciones

17 a] Fíjate en estas frases y responde a las preguntas.

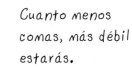

Cuanto menos comas, más débil estarás.

Cuantas más vacaciones tengas, más dificultades encontrarás después para adaptarte a la rutina del trabajo.

Cuanto más te relajes, mejor hablarás.

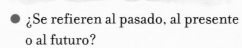

- ¿Se refieren al pasado, al presente o al futuro?
- ¿En qué casos puede variar la forma *cuanto*?
- ¿Qué tiempos verbales se han utilizado en esas frases?

b) Ahora dile a tu compañero lo que puede hacer para evitar el estrés y sus efectos. Si quieres, puedes escribir antes lo más importante.

Cuanto más / menos..., más / menos...

c) Coméntale a la clase lo más interesante, curioso o divertido que te ha dicho tu compañero.

Me ha dicho que cuanto más..., más...

ESTRATEGIAS DE APRENDIZAJE

18 a) Piensa en situaciones que te provocan estrés cuando utilizas el español, en las causas, y en lo que haces o en lo que crees que deberías hacer para evitarlo.

b) Coméntaselo a tus compañeros y averigua si les ocurre lo mismo a ellos y qué hacen o qué harían en esas situaciones. Anota las ideas que te parezcan interesantes y trata de ponerlas en práctica en el futuro.

RECUERDA

Comunicación

Expresar estados físicos y anímicos
- Lo siento, pero hoy no estoy para bromas.
- Yo estoy muy a gusto aquí, ¿y tú?
- Hoy estoy hecho polvo: estoy cansadísimo y me duele todo.
- Después del baño siempre estoy muy relajada.

Gramática

Expresiones con *estar* + preposición + sustantivo (*estar a gusto, estar de broma, no estar para bromas,* etcétera)
Participio pasado

Comunicación

Expresar sentimientos
- Es / Me resulta verdaderamente frustrante no poder decir lo que quiero.
- Cuando quiero decir algo y no puedo me siento muy frustrado.

Gramática

Adjetivos derivados de verbos (*frustrante, estimulante,...*)
Ser / Resultar + adjetivo
Estar / Sentirse / Encontrarse + participio pasado
(Ver resumen gramatical, apartado 21.1)

Comunicación

Hablar de los sentimientos y cambios de estado anímico producidos por ciertas cosas
- Me da miedo que hagas eso.
- Me pone de mal humor tener que escuchar siempre las mismas excusas.
- Me hace mucha ilusión hablar con ella.

Gramática

Me	da miedo		infinitivo
	pone de	buen mal humor	+
	hace ilusión ...		que + subj.

(Ver resumen gramatical, apartado 22)

Comunicación

Hablar del efecto de una acción
- Cuanto más trabajes, más estresado estarás.
- Cuanto más ejercicio hagas, más relajada te sentirás.

Gramática

Construcciones comparativas:
– Cuanto más / menos + subjuntivo, más / menos + futuro simple
– Cuanto/-a/-os/-as más / menos + sustantivo + subjuntivo, más / menos... + futuro simple
(Ver resumen gramatical, apartado 23)

LA CUMBIA, MÚSICA COLOMBIANA

 1 a] ¿Sabes en qué zona de Colombia tuvo su origen la cumbia? Escucha la canción y lee la letra. Luego, señala en el mapa de ese país tres ciudades importantes a las que se hace referencia.

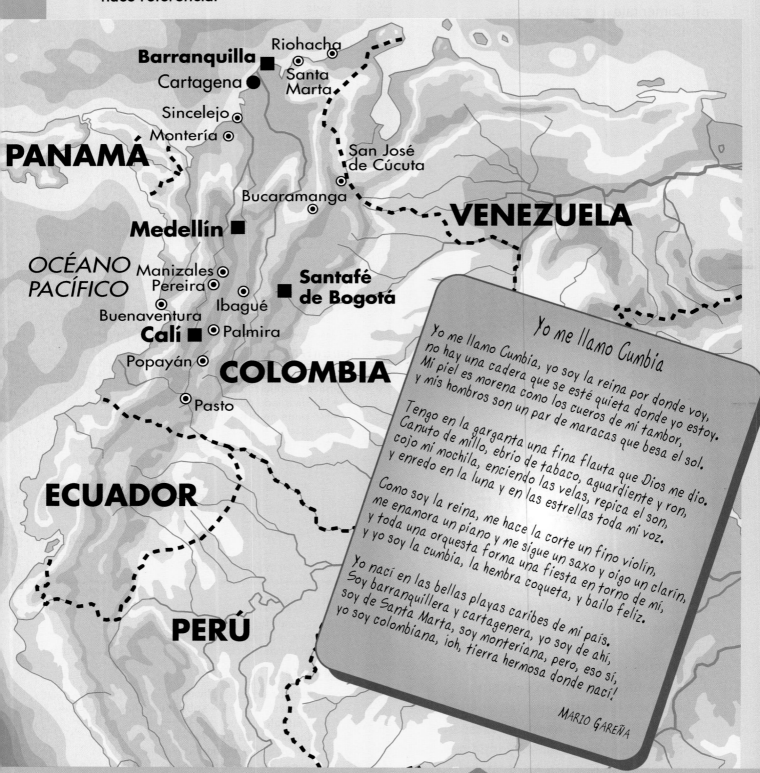

Yo me llamo Cumbia

Yo me llamo Cumbia, yo soy la reina por donde voy,
no hay una cadera que se esté quieta donde yo estoy.
Mi piel es morena como los cueros de mi tambor,
y mis hombros son un par de maracas que besa el sol.

Tengo en la garganta una fina flauta que Dios me dio.
Canuto de millo, ebrio de tabaco, aguardiente y ron,
cojo mi mochila, enciendo las velas, repica el son,
y enredo en la luna y en las estrellas toda mi voz.

Como soy la reina, me hace la corte un fino violín,
me enamora un piano y me sigue un saxo y oigo un clarín,
y toda una orquesta forma una fiesta en torno de mí,
y yo soy la cumbia, la hembra coqueta, y bailo feliz.

Yo nací en las bellas playas caribes de mi país.
Soy barranquillera y cartagenera, yo soy de ahí,
soy de Santa Marta, soy monteriana, pero, eso sí,
yo soy colombiana, ¡oh, tierra hermosa donde nací!

MARIO GAREÑA

b] Escucha y lee otra vez. Fíjate en las palabras nuevas. ¿Te imaginas el significado de algunas de ellas porque son parecidas en tu lengua o porque te ayuda el contexto? En caso negativo, búscalas en el diccionario. Anota cada una en la columna correspondiente.

PARECIDAS	CONTEXTO	DICCIONARIO

2 a] Lee este texto sobre la cumbia.

ORIGEN DE LA CUMBIA

La cumbia, el ritmo colombiano por excelencia, ha sido descrito como "la madre de todos los ritmos". Los especialistas encuentran en ella elementos indígenas, españoles y africanos. Desde sus primeros días fue una música campestre y popular, cultivada por los sectores más humildes de la población. Estuvo unida siempre a las fiestas de los poblados de las zonas rurales, a los carnavales, y sus temas han sido verdaderas crónicas del ser humano y del medio en el que vive. El canto, la interpretación musical y el baile cumbiamberos tuvieron su marco adecuado junto al mar, en las noches calurosas. Cuando baila la cumbia, el hombre lleva pantalón blanco largo pero enrollado en la mitad de la pierna, camisa blanca con mangas también enrolladas y el sombrero de la región, y va descalzo. Las mujeres usan faldas muy anchas y largas, casi todas blancas o de colores muy vivos, blusas escotadas y mangas cortas.

El baile, de estilo típico, autóctono, es muy pintoresco y tiene un hermoso colorido. Se interpreta a cielo abierto, alrededor de los músicos. El hombre invita a la mujer ofreciéndole varias velas encendidas que luego son sostenidas por ella en la mano mientras baila en círculos alrededor de su compañero y ambos se desplazan alrededor de la orquesta que los acompaña.

HELIO OROVIO: *Música por el Caribe* (adaptado)

b] Escribe informaciones verdaderas o falsas sobre el texto. Pásaselas a tu compañero para que diga si son verdaderas o falsas.

3 ¿Te gusta algún otro tipo de música popular? ¿Con qué instrumentos se interpreta? ¿Se baila con un traje típico? Díselo a tus compañeros.

11

De vacaciones

OBJETIVOS

- Describir lugares: referirse a aspectos geográficos, históricos y a otras informaciones de interés
- Expresar requisitos
- Expresar deseos poco probables o imposibles
- Quejarse y reclamar
- Redactar una carta de reclamación

LUGARES DE INTERÉS

1 a) Comenta con tus compañeros las respuestas a estas preguntas.

- ¿Dónde están las ruinas de Machu Picchu? ¿Hace mucho que son famosas?
- ¿Con qué cultura precolombina las relacionas?

b) Lee este texto sobre Machu Picchu y comprueba.

MACHU PICCHU

La imponente ciudad de Machu Picchu fue construida por los incas en la cima de una montaña de los Andes peruanos. Herederos de diversas civilizaciones andinas, los incas alcanzaron un elevado nivel cultural y crearon un gran imperio. Fueron maestros en la arquitectura monumental, en la utilización de grandes bloques de piedra que encajaban perfectamente.

Machu Picchu es una de las muestras más relevantes y conocidas de su cultura. Su aspecto causa asombro; al contemplarla, uno se pregunta cómo pudieron los incas labrar y subir hasta allí aquellas enormes piedras en una región en la que no había caballos ni bueyes y sin emplear el hierro, la rueda ni la polea. En sus alrededores se encuentran unas laderas muy empinadas aprovechadas para el cultivo, diversos canales de riego, puentes colgantes sobre ríos caudalosos, minas y centros para trabajar los metales. Las ruinas de la ciudad son uno de los enigmas arqueológicos más bellos y fascinantes del planeta.

Tras la caída del imperio inca, una salvaje vegetación cubrió los templos, acueductos, fuentes, tumbas y terrazas de Machu Picchu, y permaneció así durante casi cuatro siglos. Solamente la gente de la zona y algunos investigadores sabían de su existencia, hasta que en 1911 llegó a ella el arqueólogo estadounidense Hiram Bingham, a la cabeza de una expedición de la universidad de Yale, y la dio a conocer al resto del mundo.

c] Busca en el texto las palabras que significan:

- que impresiona porque tiene un tamaño o una calidad mayores de lo normal
- gran admiración o sorpresa • edificada • mirar • cumbre

2 a] Estas palabras se usan para hablar de la geografía de un lugar. Busca en el diccionario dos que no conozcas. Luego, pregunta a tus compañeros por las restantes.

- cordillera
- pendiente
- rural
- (bien / mal) conservado
- pico
- desierto
- vegetación
- llano
- bahía
- montañoso
- meseta
- fértil
- cálido
- volcán
- restaurado
- poblado
- oasis
- muralla
- casco viejo
- lago
- laguna
- cabo
- golfo
- aldea
- malecón

b] Anota cada una de ellas en la columna correspondiente.

SUSTANTIVOS	ADJETIVOS	SUSTANTIVOS Y ADJETIVOS
cordillera		

3 Escribe una descripción de Machu Picchu. Puedes utilizar, entre otras, las palabras de las actividades 1 y 2 que creas necesarias. Pásasela a un compañero y corrige la que recibas.

Machu Picchu está situada en... Ocupa... Está rodeada de...

4 a] Observa las fotos. ¿Qué sabes de esas ciudades? Díselo a tus compañeros.

b] Escucha a tres personas hablando de los lugares de las fotos. Levanta la mano cuando creas que sabes de qué ciudad se trata.

5 a] Elige una ciudad o una región. Luego anota frases para describirla, primero con informaciones generales y luego, más específicas.

b] En grupos de tres. Comunícaselas a tus compañeros y responde *sí* o *no* a lo que te digan ellos hasta que adivinen el lugar al que te refieres.

DE VACACIONES

6 Comenta las respuestas a estas preguntas con dos compañeros.

- ¿Cuál es la región más bonita del país en el que estás? ¿Puedes describirla?
- ¿Cuáles son sus lugares más visitados? ¿Tiene otros lugares que merecen ser visitados?

7 a) ¿Qué factores tienes en cuenta cuando eliges un destino para tus vacaciones? Señala en esta lista de requisitos los que sean importantes para ti.

☐ Que haya estado alguien en ese sitio y me lo haya recomendado.

☐ Que la cultura y la forma de ver la vida sean diferentes a la mía.

☐ Que sea fácil conocer gente, relacionarse con ella y hacer amigos.

☐ Que haya pocos turistas o ninguno.

☐ Que haga buen tiempo.

☐ Que se viva de manera sana y en contacto con la naturaleza.

☐ Que no esté contaminado.

☐ Que se hable mi idioma.

☐ Que sea un lugar de interés antropológico.

☐ Que tenga muchos monumentos y un rico pasado.

☐ Que haya una oferta cultural variada y/o se pueda practicar algunos deportes.

☐ Que haya mucha vida nocturna.

☐ Que los establecimientos públicos ofrezcan una buena relación calidad-precio.

☐ Que tenga cosas que no hay donde vivo yo: playa, montaña, etc.

☐ Que la fauna y la flora sean diferentes a las del lugar donde vivo.

b) Añade otros requisitos que también tengas en cuenta.

Que sea un lugar muy tranquilo.

c) Numera los requisitos de los apartados a) y b) según la importancia que les des. Luego, compara tu lista con la de un compañero al que no conozcas mucho. ¿Crees que podríais elegir el mismo lugar de vacaciones?

8 Cuéntale a un compañero las mejores vacaciones de tu vida (o unas de las mejores). Explícale qué es lo que más te gustó de ellas y por qué fueron tan buenas. Comprueba si él habría disfrutado tanto como tú.

9 **a)** Completa el cómic con las palabras del recuadro.

pasar

vacaciones

levanto

envidia

paro

¡Qué pena! Ya se me acaban las .... Mañana vuelvo a casa. ¡Quién pudiera estar todo el año aquí, como tú!

Sí, pero me .... todos los días a las ocho de la mañana y termino de trabajar tardísimo. Además, no ...... en todo el día.

Y lo peor es que nunca puedo .... las vacaciones con mis amigos, porque ellos las tienen en este mes.

Por eso me da tanta .... usted y pienso: "¡Quién estuviera en su lugar y pudiera estar de vacaciones!".

b) ¿Cuál de esos personajes crees que podría decir cada una de estas frases a la vuelta de las vacaciones?

- ¡Quién pudiera tener tres meses de vacaciones al año!
- ¡Ojalá hablara menos y metiera menos la pata!
- ¡Quién estuviera ahora en la playa, tumbada en la arena!
- ¡Ojalá pudiese cambiar de trabajo!
- Me gustaría que todo el mundo pudiese elegir las fechas de vacaciones.

c) Gramaticalmente, ¿qué tienen en común todas las frases del apartado anterior? Intenta formular la regla gramatical y asegúrate de que es correcta.

10 **a)** Escribe otros deseos poco probables y otros imposibles que podrían expresar los personajes del cómic de la actividad 9a).

b) Díselos a tu compañero para que los relacione con el personaje apropiado.

11 **a)** Escribe tres deseos poco probables o imposibles sobre tu pueblo o tu ciudad en tres tiras de papel. Puedes considerar, entre otros, los aspectos del cuadro.

- situación
- vegetación
- relaciones personales
- costumbres
- cultura
- tiempo libre
- clima

¡Ojalá hubiera más árboles y más zonas verdes!

b) Dadle las frases al profesor y trabajad en grupos de cuatro. Averiguad quién es el autor de los deseos expresados en las tiras que recibáis y pedidle que os explique sus motivos.

Si hubiera más árboles y más zonas verdes en mi ciudad, habría menos contaminación y, además, la vida sería más agradable.

QUEJAS Y RECLAMACIONES

12 a) Une las frases de la izquierda con las de la derecha.

1 Mire, perdone, pero creo que ha habido una equivocación con el vuelo.

2 ¡No puede ser que tengamos que pagarlas!

3 Oiga, mire, es que desde esta habitación se oye muchísimo ruido.

4 Oiga, perdone, pero es que hace veinte minutos que hemos pedido...

5 ¡Es una falta de seriedad que todavía no hayan venido a recogernos!

6 Pero ¿cómo es posible que no haya aire acondicionado, con lo que hemos pagado?

A ¡Si en la agencia nos dijeron que las excursiones estaban incluidas en el precio!

B ¿No podría cambiarme a otra más tranquila?

C Nosotros no hemos reservado un vuelo chárter, sino uno regular.

D Los de la agencia nos dijeron que habría una persona esperándonos a la llegada.

E ... y todavía no nos han traído nada.

F ¡Si, además, en el folleto ponía que las habitaciones estaban refrigeradas!

b) ¿Cuál de esas quejas o reclamaciones relacionarías con esta ilustración?

c) ¿Dónde puedes oír las quejas y reclamaciones restantes? Explica las diferentes situaciones.

d) Comenta con tus compañeros las respuestas a estas preguntas.

- ¿Cómo crees que se puede responder a esas quejas y reclamaciones?
- ¿Qué verbos utilizarías para introducir la respuesta?

13 a) ¿Qué frases de la actividad 12a) se dicen con un tono más suave y amable?

b) Escucha cómo las dice el profesor.

c) Escucha y repite.

14 ¿Has hecho alguna vez una reclamación o has presentado una queja por haber recibido un mal servicio en tu país? Explícales a tus compañeros lo que dijiste y las diferencias que hay con lo que dirías en español.

15 a] Observa las siguientes ilustraciones. ¿Qué problemas crees que tuvieron esas personas?

b] Escucha y empareja cada diálogo con la ilustración correspondiente.

c] Vuelve a escuchar la grabación. ¿Cuál fue la reacción de los viajeros? ¿Cómo solucionaron los problemas? Señala las respuestas correctas.

REACCIÓN	SOLUCIÓN
1. a. Protestaron en el libro de reclamaciones. b. Pagaron al recepcionista. c. Vigilaron al recepcionista.	a. Les dieron otra habitación. b. Les devolvieron dinero. c. Les enviaron a otro hotel.
2. a. Protestó al capitán del vuelo Madrid-Montreal. b. Explicó el problema en Montreal. c. Secuestró el avión.	a. Le ofrecieron un viaje en tren. b. Le ofrecieron otro vuelo. c. Le ofrecieron un coche.
3. a. Pidieron otro guía. b. Hicieron una huelga de hambre. c. Protestaron en la embajada española.	a. Les pusieron un guía de habla española. b. Les dieron un curso de ruso. c. Utilizaron una guía en español.

d] ¿Qué pudieron decir los viajeros de la grabación cuando hicieron la correspondiente reclamación? Representa esas situaciones con tu compañero. Intercambiad los papeles de cliente y de representante de la compañía o del hotel que atiende la reclamación y tratad de solucionar el problema.

16 a] Lee esta carta de reclamación y marca en qué párrafo se hace cada una de estas cosas.

- ☐ Explicar detalladamente el problema.
- ☐ Despedirse.
- ☐ Solicitar alguna acción compensatoria.
- ☐ Mencionar los motivos por los que se escribe.

Rutas del Sur
Juan Gris, 11
48012 Valencia

Juan Manuel Tardón
Jardines, 48 - 2.º 1.ª
48016 Valencia

Valencia, 1-6-2003

Estimados señores:

Acabo de regresar de mis vacaciones en México, donde recorrí el itinerario turístico "Ruta Azteca", organizado por su agencia. En términos generales, mi valoración es positiva y puedo afirmar que mis expectativas fueron satisfechas. Sin embargo, lamento tener que escribirles esta carta para quejarme de algunos hechos que tuvieron lugar a lo largo del viaje.

El programa incluía una excursión a un lugar de interés histórico el día 8 de mayo, una visita a un poblado indígena el día 14 y un paseo en bicicleta por el campo el día 16. Incomprensiblemente, todas esas actividades fueron canceladas sin motivo aparente y, lo que es peor, no se nos ofreció ninguna alternativa.

Confío en que se pondrán en contacto conmigo para ofrecerme las explicaciones oportunas y devolverme el importe correspondiente a las actividades que pagué y que luego no se me dio la posibilidad de realizar.

En espera de sus noticias, aprovecho la ocasión para saludarles atentamente.

Juan Manuel Tardón

b) ¿Qué informaciones de la carta podrían introducirse también con estas fórmulas? Piensa en los cambios que hay que hacer en algunos casos.

- Estoy seguro de que...
- Quisiera mostrarles mi descontento / disgusto por...
- Les ruego que...
- Me pongo en contacto con ustedes para...
- A la espera de su respuesta,...
- Les agradecería que...

17 a) En parejas. Comentad las diferencias existentes entre una carta formal y una informal.

b) Piensa en algún hecho que te pueda ocurrir en vacaciones y que tú consideres motivo de queja o reclamación. Escribe una carta a la entidad correspondiente siguiendo los diferentes pasos hasta llegar al texto final: hacer una lista de ideas, organizar la información, etc.

ESTRATEGIAS DE APRENDIZAJE

18 ¿Cuál de las estrategias de aprendizaje descubiertas por ti a lo largo del curso aplicas más frecuentemente? ¿Cuáles crees que te serían más útiles para sobrevivir durante unas vacaciones en un país cuya lengua apenas conocieras? Explica por qué.

RECUERDA

Comunicación

Describir lugares: referirse a aspectos geográficos, históricos, culturales...

- Machu Picchu es una ciudad precolombina construida por los incas. Ocupa la cumbre de una montaña y está rodeada de otras montañas...

Decir qué se tiene en cuenta cuando se elige algo

- Cuando elijo un lugar para mis vacaciones, tengo en cuenta varias cosas: que haya pocos turistas, que sea tranquilo...

Expresar deseos poco probables o imposibles

- ¡Ojalá hubiera menos coches aquí!
- ¡Quién pudiera estar siempre así!

Gramática

¡*Ojalá*
¡*Quién* + pretérito imperfecto de subjuntivo!

(Ver resumen gramatical, apartado 9)

Comunicación

Quejarse y reclamar

- ¡No puede ser que tengamos que pagar eso! Si en la agencia nos dijeron que estaba incluido todo en el precio...
- Pero ¿cómo es posible que no haya aire acondicionado, con lo que hemos pagado?

Gramática

No puede ser / Es una falta de seriedad + *que* + subjuntivo
Pero ¿cómo es posible que + subjuntivo?

(Ver resumen gramatical, apartado 24)

Comunicación

Redactar una carta de reclamación:

– Introducción y explicación de los motivos por los que se escribe

- Me pongo en contacto con ustedes para...
- Lamento tener que escribirles para...
- Quisiera mostrarles mi descontento / disgusto por...

– Solicitud de alguna acción

- Confío en [estoy seguro de] que se pondrán en contacto conmigo para...
- Les ruego que se pongan en contacto conmigo para...
- Les agradecería que me ofrecieran...

– Despedida

- En espera de sus noticias, aprovecho la ocasión para saludarles atentamente.
- A la espera de su respuesta,...

LA ISLA DE PASCUA

1 a] Lee estos textos y busca en el diccionario el significado de las palabras que no entiendas.

LA ISLA DE PASCUA Y SUS ESTATUAS

La isla de Pascua se halla en el océano Pacífico, a 3760 km de la costa de Chile, país al que pertenece. Es de origen volcánico y toda ella está considerada parque nacional. Los indígenas que la habitan tienen origen polinésico, puesto que proceden de personas emigradas de Polinesia central hacia el siglo v d.C. En el año 1722, el explorador holandés Jacob Roggeveen la bautizó con el nombre del día en que llegó a ella: domingo de Pascua.

Latina

La isla es mundialmente famosa por sus moais, gigantescas estatuas de piedra levantadas en memoria de un gran jefe o antepasado sagrado, a quien se creía descendiente de los dioses. Todas están esculpidas verticalmente en posición frontal y representan a un antecesor masculino transmitiendo la idea de potencia. Sobre la cabeza de algunas aparecen grandes cilindros que podrían representar un adorno o simbolizar la posición social o el poder.

Actualmente se desconoce el número total de moais que existen en la isla, porque continúan las excavaciones, pero se calcula que puede haber entre 800 y 1000 estatuas. Aunque se sabe que fueron talladas en las pendientes del volcán Rano Raraku, todavía se ignora cómo fueron trasladadas a sus emplazamientos definitivos esas enormes esculturas que miden de dos a diez metros de altura y algunas pesan más de doscientas toneladas.

La calidad de esas obras y del resto de la producción artística de la isla es muy elevada. Se han documentado más de 4000 petroglifos y pinturas, y la imaginería del arte rupestre es fascinante, especialmente en lo relativo a los hombres-pájaro, personas relevantes que se convertían en chamanes cuando conseguían el primer huevo de la temporada en los nidos del islote de Motu Nui.

Maravillas y tesoros del Patrimonio de la Humanidad (adaptado)

b] **Léelo de nuevo y di por qué se mencionan estas cifras y palabras.**

- 3 760
- Polinesia
- moais
- cilindros
- emplazamientos
- chamanes
- 4 000

c] **Comenta con tus compañeros lo que más te haya sorprendido y diles si la isla de Pascua te hace pensar en algún otro lugar o en alguna escultura o artista que conozcas; explícales por qué.**

12 Hechos y decisiones importantes

- Expresar condiciones irreales sobre el pasado y sus consecuencias
- Expresar arrepentimiento
- Hablar de acontecimientos históricos

1 a] ¿Entiendes todas estas palabras? Averigua el significado de las que no conozcas.

contenedor

ileso

perder el conocimiento

descargar

camión de la basura

rasguños

vertedero

b] Todas ellas van a aparecer en el texto del apartado 1d). Trabaja con un compañero e intentad imaginaros su contenido.

Pues yo creo que es una noticia sobre un... que...

c] Averiguad si alguna otra pareja se ha imaginado lo mismo que vosotros.

d] Leed este texto. ¿Coincide su contenido con lo que os habéis imaginado?

(VALENCIA).– **Gustavo García Corrales, auxiliar administrativo de 35 años, ha batido un récord de suerte al resultar ileso después de ser recogido por un camión de la basura del interior de un contenedor, y descargado luego sano y salvo en el vertedero municipal de Valencia.**

Gustavo salió de trabajar ayer a las ocho de la tarde, como todos los días. Al regresar a casa vio en un contenedor algo que le llamó la atención e intentó sacarlo, pero cuando se agachó se le cayeron las gafas entre las bolsas de basura. Gustavo trató de recuperarlas, pero como no veía nada, tuvo la mala suerte de no medir bien sus esfuerzos y se cayó al interior. Como consecuencia de la caída, perdió el conocimiento. Un rato después, el camión de la basura volcó el contenedor y se llevó a Gustavo. Ya en el vertedero municipal, un empleado observó parte de un cuerpo humano completamente enterrado entre las bolsas de basura y lo rescató. A continuación, lo llevó al hospital, donde fue atendido de rasguños y heridas leves antes de ser dado de alta.

2 a) Lee estas frases sobre ese texto y di qué condiciones y qué consecuencias sobre el pasado expresan.

● Si no hubiera intentado recuperar las gafas, no se habría caído al interior del contenedor.
● Si no hubiese perdido el conocimiento, habría podido salir del contenedor.

b) Los tiempos verbales utilizados en esas frases son el pretérito pluscuamperfecto de subjuntivo y el condicional compuesto. Fíjate en ellas y di cómo se forma el primero de esos tiempos verbales. ¿Recuerdas cómo se construye el segundo?

c) Elige un verbo y conjúgalo en esos dos tiempos verbales.

d) Ahora completa estas frases sobre el texto. Luego compáralas con las de un compañero.

● Si Gustavo no se hubiera fijado en el contenedor, ...
● ...., no se lo habría llevado el camión de la basura.
● ...., no habría terminado en el hospital.
● Si no lo hubiese visto un empleado del vertedero, ...

3 a) Piensa en cosas que te habrían pasado o que habrías hecho si...

● hubieras nacido en el año 1500
● fueras una persona del otro sexo
● hubieses nacido en un país muy distinto del tuyo (elige uno)
● tuvieras una personalidad completamente diferente de la que tienes

b) Coméntalo con tus compañeros y dales las explicaciones necesarias.

4 Elige una de las cuatro situaciones imaginarias propuestas en la actividad 3a) y escribe un texto detallando cómo crees que habría sido tu vida personal y profesional hasta ahora.

DECISIONES IMPORTANTES EN LA VIDA

5 Lee lo que dicen dos personas sobre decisiones pasadas que afectaron y afectan a su vida. Luego, contesta a estas preguntas.

- ¿Cuál se refiere a las consecuencias que su decisión tiene en el presente?
- ¿Cuál se refiere a las consecuencias que su decisión tuvo en el pasado?
- ¿Qué tiempos verbales se utilizan en cada caso?

Creo que si no hubiera dejado el trabajo que tenía antes, no habría tenido mucho tiempo para pintar y no habría hecho ninguna exposición.

EVA MEDINA, profesora

JOSÉ TEJEDOR, pintor

Estoy segura de que si no me hubiese ido a vivir al campo, viviría peor y estaría bastante estresada.

6 a] Escucha una entrevista a Susana Robles, una actriz famosa. ¿A qué momentos cruciales de su vida y de su carrera hace referencia?

b] Vuelve a escuchar y anota alguna información biográfica que creas importante. Luego, compara tus notas con las de un compañero.

c] En parejas. Comentad lo que hizo esa persona y decidid lo que habría pasado si no hubiera hecho algunas de las cosas que ha mencionado.

- *Empezó a trabajar en...*
- *Si no hubiera empezado a trabajar en..., seguramente no se habría divorciado, al menos en aquella época.*

7 a] En parejas. Dile a tu compañero cuáles han sido las decisiones más importantes que has tomado en tu vida. Háblale también de sus consecuencias y de lo que crees que habría pasado o no habría pasado si no hubieses tomado esas decisiones.

b] Coméntale a la clase lo que te ha parecido más sorprendente o interesante de lo que te ha contado tu compañero.

ESTRATEGIAS DE APRENDIZAJE

8 **a)** Piensa en alguna situación en la que has tenido problemas al utilizar el español:
no conseguías expresar lo que querías decir, querías decir una cosa y te entendían otra,
pensabas que habías comprendido pero no lo habías hecho, etc.

> Perdona, pero
> no te entiendo.
> ¿Qué quieres decir
> exactamente?

b) Cuéntaselo a tus compañeros y averigua lo que habrían hecho ellos en tu lugar y por qué.

● ¿Qué habríais hecho vosotros en mi lugar?
● Pues yo habría... porque...

c) Ahora cuéntales lo que hiciste tú y cuál fue el resultado. ¿Coincide con aquello a lo que se han referido tus compañeros?

EXPRESAR ARREPENTIMIENTO

9 **a)** Lee y asegúrate de que entiendes todas las frases y cómo y cuándo se usan.

> Si lo llego a
> saber, no vengo.

> Tenía
> razón
> Luisa:
> no debería
> haber
> venido.

> ¡Qué rollo!
> Si lo sé,
> no vengo.

> ¡Qué manera
> de perder el
> tiempo!
> Me tenía que
> haber quedado
> en casa
> estudiando.

b) ¿Qué puede pensar ahora Gustavo (actividad 1d) sobre lo que hizo el día de su accidente?
Escríbelo.

No debería haber...

1. El otro día, aunque me dolía mucho la cabeza, fui a trabajar y, claro, lo hice todo mal. Realmente,...

2. Esta fiesta es un rollo. ¡Y qué aburrida es toda esta gente!...

3. Se lo comenté confidencialmente a Juan, pero creo que se lo ha dicho a alguien y ahora lo sabe todo el mundo...

4. La semana pasada me compré una camisa y no me la probé en la tienda. Luego resultó que me estaba pequeña y tuve que ir otra vez allí a devolverla. La verdad es que...

5. Yo pensaba que esto sería más interesante, pero ya llevo más de dos horas aquí y, total, para nada. ¡Con la cantidad de trabajo que tengo en el despacho!...

6. No me lo consultaron y tomaron la decisión sin contar conmigo, así que cuando me enteré me sentí muy mal...

1. Realmente, no debería haber ido a trabajar.
2.
3.
4.
5.
6.

b] ¿Has hecho tú alguna vez alguna de esas cosas y te has arrepentido de ello? Coméntaselo a tus compañeros.

11 a] ¿De qué se están arrepintiendo estas personas? Relaciona cada dibujo con la frase correspondiente.

A. Se está arrepintiendo de haberse cortado el pelo.
B. Se está arrepintiendo de haberle dicho una cosa a su novia.
C. Se está arrepintiendo de haber comprado un coche de segunda mano.
D. Se está arrepintiendo de no haberle hecho caso a un amigo y de haber ido a ver una película malísima.

b] ¿Y qué crees que están pensando esas personas? Escríbelo.

12 Piensa en cosas que has hecho alguna vez y de las cuales te has arrepentido –o te arrepientes todavía– y por qué. Luego, díselo a un compañero y comprueba si le ha pasado lo mismo alguna vez.

Yo me arrepiento de no haber estudiado español antes.
Tenía que haber empezado hace años porque...
Además, si lo hubiera aprendido antes,...

ACONTECIMIENTOS HISTÓRICOS

13 A lo largo de la historia se han producido acontecimientos (hechos históricos, descubrimientos, inventos, etc.) que tuvieron consecuencias muy positivas o muy negativas para la humanidad; otros incluso cambiaron el rumbo de la historia.

a] Estos verbos y estos sustantivos sirven para hablar de ese tipo de acontecimientos. Relaciónalos; en algunos casos, hay varias posibilidades.

abolir	esclavitud
convocar	territorio
descubrir	imprenta
inventar	revolución
hacer	golpe de estado
crear	escuela pública gratuita
independizarse	elecciones
declarar	seguridad social
dar	máquina de vapor
	carta de los derechos humanos
	penicilina

b] Forma sustantivos a partir de esos verbos (en algún caso no se puede). Luego, comprueba los resultados con el diccionario.

14 a] Escucha a dos amigos. ¿De qué acontecimientos históricos están hablando?

b] Vuelve a escuchar. ¿Qué creen que habría pasado si esos acontecimientos no se hubieran producido?

15 a] En parejas. Haced una lista de hechos importantes que hayan tenido lugar a lo largo de la historia y decid por qué os parecen importantes.

La invención de la imprenta

b] Decidles a vuestros compañeros qué habría pasado o qué pasaría si no se hubieran producido esos hechos. ¿Están de acuerdo?

Si no se hubiera inventado la imprenta,...

16 a] ¿Qué hechos crees que deberían o no deberían haberse producido en la historia para que el mundo hubiera sido mejor en el pasado y también fuera mejor ahora? Escríbelo en un poema. Fíjate en la estructura del modelo.

> ## UN MUNDO MEJOR
> Si no hubiera habido tantas guerras,
> no habrían matado a tanta gente
> y ahora habría menos odio en la Tierra.
> Si...

b] Ahora revísalo. Asegúrate de que la información está clara y bien organizada. Si encuentras algún error, trata de corregirlo: ¿hay alguno de los que cometes más frecuentemente?

c] Dáselo a tu profesor para que lo coloque en una pared del aula. Luego, lee los de tus compañeros y coméntalos con ellos.

RECUERDA

Comunicación

Expresar condiciones no cumplidas en el pasado y sus consecuencias

- Si hubieras hecho ese curso, habrías aprendido todo lo que aprendí yo.
- Si anoche me hubiese acostado temprano, ahora no tendría tanto sueño.

Gramática

Pretérito pluscuamperfecto de subjuntivo

(Ver resumen gramatical, apartado 1.6)

Si + pret. pluscuamperfecto de subjuntivo + condicional compuesto

(Ver resumen gramatical, apartado 7.3)

Si + pret. pluscuamperfecto de subjuntivo + condicional simple

(Ver resumen gramatical, apartado 7.4)

Comunicación

Expresar arrepentimiento

- Tenía razón Clara: no debería haber hablado con Paco.
- ¡Uf! ¡Qué rollo! No tenía que haber venido.
- ¡Qué manera de perder el tiempo! Si lo sé, no vengo.
- Si lo llego a saber, no vengo.

Gramática

(No) Debería haber + participio pasado

(No) Tenía que haber + participio pasado

(Ver resumen gramatical, apartado 25)

Comunicación

Expresar condiciones con hechos históricos y sus consecuencias

- Si no se hubiese hecho la revolución industrial, actualmente las condiciones de trabajo serían peores.

(Ver resumen gramatical, apartados 7.3 y 7.4)

UN TEXTO DE PABLO NERUDA

1 a] ¿Sabes quién fue Pablo Neruda? Comenta con tus compañeros lo que sepas sobre él.

b] Lee este fragmento de sus memorias en el que explica cómo creó su primer poema y luego responde a las siguientes preguntas.

1. ¿Cuántos años tenía aproximadamente Pablo Neruda cuando escribió su primer poema?
2. ¿Hacía mucho tiempo que sabía escribir?
3. El lenguaje que utilizó en ese poema, ¿era de uso cotidiano?
4. ¿Cómo se sentía al acabar el poema?
5. ¿Qué hizo con él?
6. ¿Cómo reaccionó su padre cuando lo leyó? ¿Le gustó?
7. ¿Cómo crees que se sintió Neruda ante la reacción de su padre?

Latina

ASÍ NACIÓ MI PRIMER POEMA

Muchas veces me he preguntado cuándo escribí mi primer poema, cuándo nació en mí la poesía.

Trataré de recordarlo. Muy atrás en mi infancia y habiendo apenas aprendido a escribir, sentí una vez una intensa emoción y tracé unas cuantas palabras semirrimadas, pero extrañas a mí, diferentes del lenguaje diario. Las puse en limpio en un papel, preso de una ansiedad profunda, de un sentimiento hasta entonces desconocido, especie de angustia y de tristeza. Era un poema dedicado a mi madre, es decir, a la que conocí por tal, a la angelical madrastra cuya suave sombra protegió toda mi infancia. Completamente incapaz de juzgar mi primera producción, se la llevé a mis padres. Ellos estaban en el comedor, sumergidos en una de esas conversaciones en voz baja que dividen más que un río el mundo de los niños y el de los adultos. Les alargué el papel con las líneas, tembloroso aún con la primera visita de la inspiración. Mi padre, distraídamente, lo tomó en sus manos, distraídamente lo leyó, distraídamente me lo devolvió, diciéndome:

—¿De dónde lo copiaste?

Y siguió conversando en voz baja con mi madre de sus importantes y remotos asuntos.

PABLO NERUDA: *Confieso que he vivido*

c] **Ahora habla con la clase.**

- ¿Recuerdas las circunstancias en las que escribiste tu primer texto o uno del que guardas un buen recuerdo? ¿Se lo dedicaste a alguien? ¿Cómo te sentiste ante su reacción?
- ¿Escribes mucho en tu lengua? ¿Qué tipo de textos? ¿Por qué lo haces?
- Y en español, ¿escribes mucho? ¿Crees que las tareas de escritura propuestas durante el curso han sido suficientes? ¿Te van resultando cada vez más fáciles?

juego de vocabulario

1 **a)** Busca en las lecciones 9-12 y anota seis palabras que hayas estudiado y que te parezcan difíciles.

b) Muéstraselas a tu compañero y asegúrate de que las entiende y de que tú entiendes las suyas. Si hay alguna incluida en las dos listas, sustituidla por otra.

c) Jugad con otra pareja. Por turnos. Una pareja dice una palabra y la otra debe definirla o explicarla correctamente para obtener un punto. Gana la pareja que consiga más puntos.

2 **a)** Busca en las lecciones 9-12 estructuras gramaticales sobre las que tengas dudas y que consideres que necesitas repasar.

b) Trabaja con un compañero para ver si puede ayudarte a resolver esas dudas e intenta resolver las suyas. Si no estáis seguros, consultad al profesor.

c) Escribid frases que contengan las estructuras que necesitáis repasar, traducidlas a vuestra lengua y pasádselas a otra pareja para que las escriban en español.

d) Comprobad si coinciden con las vuestras. En caso negativo, averiguad a qué se debe.

juega a las tres en raya

3 En grupos de tres. Por turnos, cada alumno elige un verbo para formar un adjetivo a partir de él e incluirlo en una frase. Si está bien, escribe su nombre en esa casilla. Gana el que obtenga tres en raya.

fascinar	reflexionar	frustrar	madurar
exagerar	tolerar	idealizar	estimular
deprimir	imaginar	alucinar	trabajar
ironizar	conservar	emocionar	agobiar

● Ejemplo: *Emocionar*
Es emocionante que de vez en cuando oigamos noticias tan buenas como la que acabas de darme.

4 *a)* Lee el siguiente texto y complétalo con estas frases.

A … para hacerse a la idea poco a poco y evitar un cambio brusco de actividad y horarios.
B … ya que piensan que no van a ser capaces de realizar sus funciones como antes.
C … más probabilidades hay de que el periodo de adaptación sea difícil.
D … nos gustan menos que las que llevábamos a cabo en las vacaciones.

Muchos trabajadores experimentan trastornos al volver al trabajo después de las vacaciones estivales. A algunos, volver a la rutina les produce tristeza; otros, aseguran que sienten una gran angustia y miedo, (1)………. . El llamado síndrome posvacacional se puede manifestar mediante síntomas de irritabilidad, nerviosismo, estrés, falta de concentración e, incluso, problemas físicos como dolor de cabeza o alteraciones digestivas.

Los psicólogos han explicado que no se trata de una enfermedad, sino de una reacción ante la presión que, para muchos, supone un cambio tan brusco como es pasar de las vacaciones a la rutina diaria. Parece ser que esta sensación puede sufrirla cualquier persona, si bien es cierto que cuanto más estresante es el trabajo, (2)………. .

¿Qué hacer ante esta situación? Los expertos aconsejan volver de vacaciones unos días antes de la incorporación al trabajo y disfrutar de la ciudad o de la casa (3)………. . Además sugieren planificar el tiempo libre durante la semana, es decir, reservar algo de tiempo para uno mismo y aprovecharlo con las actividades que a cada uno más le relajen: hacer algo de deporte, ir al cine, pasear, ver a los amigos, etc. Sin embargo, también señalan que es comprensible que al volver al trabajo notemos cierto malestar los primeros días, dado que tenemos que adaptarnos a unos horarios diferentes y hemos de realizar unas actividades que, por lo general, (4)…………. .

b) Decide con un compañero qué título le pondríais al texto.

c) Y tú, ¿cómo te sientes a la vuelta de tus vacaciones? ¿Sueles tener alguna dificultad? ¿Cómo la podrías solucionar? Coméntalo con tus compañeros.

5 **a)** Lee este cuestionario al que le faltan algunas respuestas. Puedes usar el diccionario.

UN TEST SOBRE LA AMISTAD

Elija una contestación a cada una de las siguientes preguntas:

1. ¿Respeta usted los secretos que le cuentan sus amigos?
   1.1) Depende de los beneficios que obtenga utilizando esa información.
   1.2) _____ .
   1.3) Siempre. Nunca se los cuento a nadie.

2. ¿Intentaría quitarle la pareja a un amigo?
   2.1) Si me interesara, seguramente sí.
   2.2) _____ .
   2.3) Si no se entera mi amigo, sí.

3. ¿Qué son para usted los favores que se hacen a los amigos?
   3.1) _____ .
   3.2) Favores que me deben.
   3.3) Yo no acostumbro a hacer favores a nadie.

4. ¿Cómo reacciona cuando critican a uno de sus amigos ante usted?
   4.1) Normalmente, me callo por no discutir.
   4.2) Depende de la crítica y de quien la haga.
   4.3) _____ .

5. ¿Tiene usted muchos amigos?
   5.1) Depende de lo que se entienda por "amigo".
   5.2) _____ .
   5.3) Tengo muchos conocidos y pocos amigos.

6. ¿Visita a sus amigos cuando están enfermos?
   6.1) _____ .
   6.2) No, no los visito.
   6.3) A veces, y más si van también otros amigos.

7. ¿Presta dinero a sus amigos cuando lo necesitan?
   7.1) Si me interesa, sí.
   7.2) _____ .
   7.3) Sí, a menudo.

b) Complétalo con estas respuestas.

A. No, no lo haría nunca.
B. No, me cuesta mucho hacer amigos.
C. Algo que hago sin esperar nada a cambio.
D. No, la amistad no tiene nada que ver con el dinero.
E. No me parece grave contárselos a alguien.
F. Generalmente, la gente no critica a mis amigos en mi presencia.
G. Sí, y les hago compañía.

c) Ahora haz el cuestionario y luego dile al profesor que te dé las claves para hacer la valoración de tus respuestas.

d) ¿Crees que los resultados que has obtenido se ajustan a la realidad? ¿Reflejan tu sentido de la amistad? Coméntalo con tus compañeros.

e) ¿Qué otros detalles o actitudes pueden servir para descubrir si una persona es "amiga de sus amigos"? Coméntalo con la clase.

6 a) Lee las preguntas de un cuestionario que hacen a personajes famosos en un programa de radio. Piensa en las respuestas que tú darías.

1. Algo de lo que se siente usted muy satisfecho.

2. Algo que cree que no debería haber hecho.

3. ¿Qué cualidades no soporta en una persona?

4. ¿Qué espera de un amigo?

5. Algo que le causa preocupación.

6. Si hubiera podido elegirlo, ¿en qué momento histórico le habría gustado vivir?

7. Un deseo poco probable, un sueño que le gustaría ver hecho realidad.

b) Escucha las respuestas que dio Antonio Flórez y toma nota. ¿Coincide alguna con las tuyas?

c) Haz ese cuestionario con uno de los compañeros que menos conozcas. Comparad vuestras respuestas y averiguad en qué aspectos sois compatibles.

7 a) Piensa en las respuestas a estas preguntas y coméntalas con dos o tres compañeros.

● ¿Te has arrepentido alguna vez de haber ido a algún sitio? ¿Por qué?
● ¿Crees que podrías volver allí? ¿Qué debería ocurrir para que volvieras?

b) Piensa en algún lugar poco conocido de tu país que te guste mucho y que creas que tus compañeros no conocen. Descríbeselo, diles cómo lo descubriste y qué les aconsejas hacer si van alguna vez allí.

8 a) Escríbele una carta a un estudiante que va a empezar el curso que tú estás terminando. Coméntale tu experiencia, y háblale de lo que te sientes más satisfecho y de lo que te parece mejorable. Dale, además, los consejos que estimes oportunos para obtener el máximo provecho del curso (y para disfrutar aprendiendo a lo largo del mismo).

b) Pásasela a otro compañero y averigua cómo habría reaccionado si la hubiera recibido al principio del curso, si habría influido en él durante el curso y, en caso afirmativo, cómo.

9 En grupos de cuatro. Juega con un dado y una ficha de color diferente a la de tus compañeros.

INSTRUCCIONES

1) Por turnos. Tira el dado y avanza el número de casillas que indique.

2) Responde a la pregunta o habla del tema de la casilla en la que caigas. Puedes decir todo lo que quieras.

salida	7. Una estructura difícil de la lengua española.	8. Una broma que has hecho más de una vez.	15. Algo que crees qu debes mejorar en español. ¿Cómo?
1. ¿Crees que vas a echar algo de menos cuando acabe este curso?	6. Algún tipo de actividad de clase que te gusta mucho.	9. ¿Cuál de los grandes problemas de la humanidad crees que es más fácil de solucionar? ¿Por qué?	14. Una costumbre qu no tienes y que te gustaría tener.
2. ¿Has alcanzado los objetivos que te habías propuesto al principio del curso?	5. La lección de este libro que más recuerdas. ¿Por qué?	10. Alguna estrategia que aplicas para escribir en español y que te da buen resultado.	13. La última película que has visto: cuéntala y valórala.
3. Tu español dentro de diez años.	4. El último libro que has leído en español.	11. Tres preguntas que harías en un centro de enseñanza de español para averiguar cómo son sus cursos.	12. Algo que te ha causado alegría recientemente.

16. Tu pueblo o tu ciudad en el año 2100.	23. ¿Has hecho en este curso algo que ahora crees que no deberías haber hecho?	24. Algo de este curso que te ha llamado la atención.	**llegada**
17. Alguien con quien mantienes o podrías mantener correspondencia en español.	22. Lo que más te gusta hacer en español.	25. Algún eslogan publicitario que te llama la atención. ¿Por qué?	30. Expresa un deseo para el próximo curso.
18. Algo que te gustaría que ocurriera próximamente.	21. Algo de tu centro de estudios que se puede mejorar. ¿Cómo?	26. Algo que has hecho en el curso que termina y que te ha ayudado a tener más confianza en ti mismo.	29. ¿Crees que puedes usar Internet para aprender español? ¿Cómo?
19. Lo que más te ha gustado de este libro.	20. Una palabra que dices mucho en español. ¿Por qué?	27. ¿Y si no hubieras hecho este curso? Menciona algunas consecuencias.	28. Alguna estrategia de aprendizaje que has descubierto en este curso.

resumen gramatical

1 Verbos

1.1. PRESENTE DE SUBJUNTIVO

1.1.1. Verbos regulares.

-AR	-ER	-IR
hablar	**comer**	**escribir**
hable	coma	escriba
hables	comas	escribas
hable	coma	escriba
hablemos	comamos	escribamos
habléis	comáis	escribáis
hablen	coman	escriban

1.1.2. Verbos irregulares.
1.1.2.1. Irregularidades vocálicas.
1.1.2.1.1. Alteraciones que afectan a las tres personas del singular y a la tercera del plural.

e → ie	o → ue	u → ue
querer	**poder**	**jugar**
quiera	pueda	juegue
quieras	puedas	juegues
quiera	pueda	juegue
queramos	podamos	juguemos
queráis	podáis	juguéis
quieran	puedan	jueguen

1.1.2.1.2. Alteraciones que afectan a todas las personas (singular y plural).

e → i	y (verbos en -uir)
pedir	**influir**
pida	influya
pidas	influyas
pida	influya
pidamos	influyamos
pidáis	influyáis
pidan	influyan

1.1.2.1.3. i en la primera y segunda personas del plural de los verbos en -e...ir que diptongan (e→ie).

sentir	preferir	mentir
sienta	prefiera	mienta
sientas	prefieras	mientas
sienta	prefiera	mienta
sintamos	prefiramos	mintamos
sintáis	prefiráis	mintáis
sientan	prefieran	mientan

1.1.2.1.4. u en la primera y segunda personas del plural de los verbos en -o...ir que diptongan (o → ue).

dormir	morir
duerma	muera
duermas	mueras
duerma	muera
durmamos	muramos
durmáis	muráis
duerman	mueran

1.1.2.2. Irregularidades consonánticas y/o vocálicas.

Los verbos con primera persona del singular irregular en presente de indicativo forman todo su presente de subjuntivo a partir de esa irregularidad. Ejemplos:

Presente de indicativo (yo)	Presente de sujuntivo
conozco	conozca, conozcas, conozca, conozcamos, conozcáis, conozcan
hago	haga, hagas, haga, hagamos, hagáis, hagan
tengo	tenga, tengas, tenga, tengamos, tengáis, tengan
salgo	salga, salgas, salga, salgamos, salgáis, salgan
pongo	ponga, pongas, ponga, pongamos, pongáis, pongan
digo	diga, digas, diga, digamos, digáis, digan
quepo	quepa, quepas, quepa, quepamos, quepáis, quepan
veo	vea, veas, vea, veamos, veáis, vean
oigo	oiga, oigas, oiga, oigamos, oigáis, oigan

Pero no sucede eso con el verbo *dar*.

dar
dé
des
dé
demos
deis
den

1.1.2.3. Verbos con irregularidad propia en este tiempo.

haber	ir	ser	saber	estar
haya	vaya	sea	sepa	esté
hayas	vayas	seas	sepas	estés
haya	vaya	sea	sepa	esté
hayamos	vayamos	seamos	sepamos	estemos
hayáis	vayáis	seáis	sepáis	estéis
hayan	vayan	sean	sepan	estén

1.2. FUTURO COMPUESTO

Se construye con el futuro simple de *haber* y el participio pasado del verbo que se conjuga.

habré *habrás* *habrá* *habremos* *habréis* *habrán*	+ participio pasado

USOS:

1.2.1. Para expresar una acción futura, anterior a otra acción en el futuro o a un momento futuro del que estamos hablando.

– Cuando llegues a tu casa, ya **habré terminado** esto.

PASADO   PRESENTE   FUTURO

Futuro compuesto   Presente de subjuntivo

habré terminado   *llegues*

– A esa hora (a las once) ya me **habrán comunicado** el resultado.

1.2.2. Formular hipótesis sobre el pasado tratando de dar una explicación a algo sucedido (ver página 165, apartado 10.4.2.).

– ¡Qué raro que todavía no esté aquí Gustavo! Son ya las nueve y veinte...

• Se **habrá dormido**.

1.3. PRETÉRITO PERFECTO DE SUBJUNTIVO

Se forma con el presente de subjuntivo de *haber* y el participio pasado del verbo que se conjuga.

haya *hayas* *haya* *hayamos* *hayáis* *hayan*	+ participio pasado

USOS:

En muchas construcciones que funcionan con subjuntivo usamos el pretérito perfecto de subjuntivo. He aquí algunos casos:

1.3.1. Para expresar probabilidad sobre una acción futura, anterior a otra acción en el futuro.

– Cuando me llames, **es probable que** ya **haya conseguido** esa información.

PASADO   PRESENTE   FUTURO

                                     Pretérito perfecto de subjuntivo   Presente de subjuntivo

                                           haya conseguido   *me llames*

1.3.2. Para expresar sorpresa o extrañeza sobre una acción pasada, ocurrida en una unidad de tiempo no terminada.

– Realmente, **me sorprende que hayas venido** esta mañana.

1.3.3. Para valorar experiencias pasadas sin especificar el momento de su realización.

– **Me parece estupendo que hayas vivido** en tantos países.

1.4.   PRETÉRITO IMPERFECTO DE SUBJUNTIVO

1.4.1. Verbos regulares.

Se construyen a partir de la tercera persona del plural del pretérito indefinido *[hablaron, comieron, vivieron]*. Se sustituye la terminación *-ron* por las propias de este tiempo, en *-ra* o en *-se [hablara/hablase, comiera/comiese, viviera/viviese]*.

	-ar/-er/-ir
yo	-ra/-se
tú	-ras/-ses
usted/él/ella	-ra/-se
nosotros/nosotras	-ramos*/-semos*
vosotros/vosotras	-rais/-seis
ustedes/ellos/ellas	-ran/-sen

* Las formas correspondientes a *nosotros/nosotras* van acentuadas: *habláramos/hablásemos, comiéramos/comiésemos.*

Ejemplos: *trabajara/trabajase*

                 volviera/volviese

                 saliera/saliese

1.4.2. Verbos irregulares.

Se construyen de la misma manera que los verbos regulares. Por lo tanto, son irregulares todos los que también lo son en la tercera persona del plural del pretérito indefinido.

ir/ser...............fuera/fuese
estar................estuviera/estuviese
hacer...............hiciera/hiciese
sentir..............sintiera/sintiese
dormir.............durmiera/durmiese
oír..................oyera/oyese
dar.................diera/diese

Observaciones:

• Las formas en *-ra* y en *-se* son equivalentes en los usos tratados en este curso.

• En general, es más frecuente el uso de la forma en *-ra*, sobre todo en la lengua hablada.

USOS:

1. Para expresar condiciones irreales o que no se cumplen en el presente [ver página 162, apartado 7.1.].

   – Si no **estuviera** ahora en clase, creo que estaría en casa...

   O para expresar condiciones de cumplimiento poco probable en el futuro [ver página 163, apartado 7.2.].

   – Si me **eligieran** presidente del Gobierno, cambiaría muchas cosas.

2. En muchas construcciones que funcionan con subjuntivo usamos el pretérito imperfecto de subjuntivo para referirnos a acciones pasadas.

   – Me sorprende que **hicieras** eso.   – Me sorprendió que **hicieras** eso.
      (hoy)   (ayer)   (ayer)   (ayer)

   – Puede que Héctor **intentara** localizarnos ayer y no lo **consiguiera**.

3. Para referir peticiones, consejos, órdenes... pasadas [ver página 173, apartado 20.2.].

   – "Entrégamelo esta misma tarde, por favor." → Me pidió que se lo **entregara** aquella misma tarde.

1.5. CONDICIONAL COMPUESTO

Lo construimos con el condicional simple de *haber* y el participio pasado del verbo que conjugamos.

habría habrías habría habríamos habríais habrían	+ participio pasado

USOS:

1.5.1. Para formular hipótesis sobre el pasado, en las cuales se hace referencia a una probable acción pasada, anterior a otra acción pasada.

— Yo me imagino que Marina no iría ayer a la fiesta porque no la **habrían invitado**.

Con respecto al tiempo cronológico, el condicional compuesto es equivalente al pretérito pluscuamperfecto de indicativo. [Véase cuadro de la página 165, apartado 10.4.2.]

— No comentó nada de lo de Óscar porque todavía no se **había enterado**. [El hablante está seguro de la información.]

— No comentaría nada de lo de Óscar porque todavía no se **habría enterado**. [La información le parece probable al hablante.]

1.5.2. Para expresar consecuencias que no tuvieron lugar en el pasado porque no se dieron las condiciones necesarias [ver página 163, apartado 7.3.].

— Si hubiera salido a las ocho de casa, **habría llegado** a tiempo. [No llegó a tiempo porque no salió a las ocho (o antes).]

1.6. PRETÉRITO PLUSCUAMPERFECTO DE SUBJUNTIVO

Se forma con el pretérito imperfecto de subjuntivo de *haber* y el participio pasado del verbo conjugado.

hubiera/hubiese hubieras/hubieses hubiera/hubiese hubiéramos/hubiésemos hubierais/hubieseis hubieran/hubiesen	+ participio pasado

Lo empleamos para expresar condiciones no cumplidas en el pasado [ver página 163, apartados 7.3. y 7.4.].

— Si te **hubiera visto**, te lo habría dicho. [No lo vio y no se lo dijo.]

— Si **hubiese hecho** ese curso, ahora tendría trabajo. [No hizo ese curso y ahora no tiene trabajo.]

2 Consejos y recomendaciones

2.1. CON INFINITIVO

(Yo) Te/Le aconsejo (Yo) Te/Le recomiendo Lo que tiene(s) que hacer es Lo mejor es Debería(s) Tendría(s) que Procura-e Trata-e de	+ infinitivo

— **Lo que tienes que hacer es leer** más.

— **Lo mejor es esperar** a que llame ella para ver qué dice.

— **Deberías hablar** más con nativos, ¿no crees?

2.2. CON PRESENTE DE SUBJUNTIVO

(Yo) Te/Le aconsejo (Yo) Te/Le recomiendo Lo mejor es	que	+ presente de subjuntivo

– Y no sé qué hacer, cada vez tengo más dudas.

• Pues **yo te aconsejo que dejes** pasar un tiempo hasta que lo veas más claro.

2.3. CON CONDICIONAL SIMPLE

Yo, en tu/su lugar, Yo que tú/usted, Yo	+ condicional simple

– La verdad es que no sé qué hacer...

• **Yo, en tu lugar, aceptaría** ese trabajo aunque al principio las condiciones no sean muy buenas.

2.4. CON IMPERATIVO

También podemos dar consejos con el imperativo. Se hace frecuentemente en situaciones en las que existe un grado de confianza con el interlocutor.

– Yo creo que Daniel podría solucionarlo.

• Pues **habla** con él y **cuéntale** todo.

3 Formular hipótesis sobre el futuro: expresar probabilidad

Podemos introducir las hipótesis con diversos adverbios y expresiones de la manera que refleja el cuadro.

Indicativo	Subjuntivo	Indicativo/subjuntivo
Creo Me parece Es seguro Estoy seguro/a de Seguro Supongo Me imagino Seguramente Igual* A lo mejor* } que	Es probable Lo más probable es Es fácil Es posible No creo Puede (ser) No es seguro } que	Probablemente Posiblemente Quizá(s) Tal vez

* *Igual* y *a lo mejor* introducen frases cuyo verbo va en presente de indicativo.

– ¿Sabes que **igual hago** un curso de cine y vídeo el año que viene?

– **Lo más probable es que** esta noche **no salga y me quede** en casa estudiando.

– **Quizá trabaje** alguna vez en un país de habla española.

Observaciones:

• Fíjate en este cuadro orientativo en el que se incluyen algunos marcadores de hipótesis. Ha sido elaborado teniendo en cuenta el grado de probabilidad que podemos expresar con ellos.

+	*Seguro que*
	Seguramente
	Probablemente
	Posiblemente
	...
	Puede (ser) que
	Quizá(s)
	Tal vez
	A lo mejor
−	*Igual*

- Con *seguro que* y *seguramente* no expresamos un grado de seguridad absoluta; la información que transmitimos en la hipótesis nos parece muy probable, más que cuando empleamos *probablemente* o *es probable que*.

- Cuando colocamos los adverbios *probablemente*, *posiblemente*, *quizá(s)* y *tal vez* al final de la frase, el verbo solo puede ir en indicativo.

Al principio de la frase:

– **Posiblemente** te **haré** una visita pronto.
– **Posiblemente** te **haga** una visita pronto.

Al final de la frase:

(**haré**)
– Te **haga** una visita pronto, **posiblemente**.

El uso del indicativo con esos marcadores de hipótesis permite expresar un mayor grado de probabilidad que cuando se utiliza el subjuntivo.

Expresar opiniones y argumentar

| *(Yo) Creo*/Pienso*/Opino* que*
 En mi opinión,
 Para mí,
 A mi modo de ver,
 Desde mi punto de vista,
 (Yo) Estoy convencido/a de que | + indicativo..., *porque...* |

– **A mi modo de ver**, el empleo precario es uno de los mayores problemas que tenemos aquí, porque las condiciones laborales de las personas que lo sufren suelen ser bastante malas.

* Cuando negamos esos verbos, usamos el subjuntivo.

– **No creo que tengas** problemas con él.

Acuerdo y desacuerdo

Estas expresiones sirven para manifestar acuerdo o desacuerdo con lo dicho (o con parte de lo dicho) por otra persona.

Acuerdo total	Acuerdo/desacuerdo parcial	Desacuerdo total
Por supuesto Desde luego Sin duda Exacto Exactamente ¡Ya lo creo! Claro (que sí/no) ¡Y que lo diga(s)!	No sé. Según se mire Sí, puede ser / Quizás sí ¿Tú crees? / ¿Usted cree? Pues yo no lo veo así; no estoy completamente/totalmente de acuerdo contigo / con usted (Bueno,) Depende; sí es cierto que..., pero... Sí, de acuerdo / claro / por supuesto / desde luego, pero, sin embargo / es que... Ya, lo que pasa es que...	En absoluto ¡Qué va! De ninguna manera (Pues) Yo no lo veo así

– **Desde mi punto de vista**, el paro afecta más a los jóvenes.

· **Bueno, depende. Sí es cierto que** afecta a muchos jóvenes, sobre todo a los que no han trabajado nunca, **pero** también afecta a mucha gente bastante mayor que se queda sin trabajo y tiene dificultades para conseguir otro.

– **Yo estoy convencida de que** en el futuro habrá menos racismo, **porque** habrá más contacto entre gente de diferentes razas.

· **Pues yo no lo veo así.** Yo soy un poco más pesimista: **creo que**, desgraciadamente, habrá tanto como ahora.

6 Valoración de hechos y situaciones

Cuando valoramos hechos y situaciones especificando quién realiza la acción valorada, utilizamos el subjuntivo.

6.1.

A mí me parece	bien/mal un error / una buena idea lógico/importante/gracioso/...	que + subjuntivo

– **A mí me parece muy bien que** cada vez **haya** más mujeres en el mundo de la política; pienso que es positivo.

6.2.

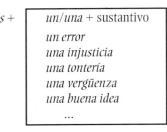

Es + adjetivo + que + subjuntivo

bueno
malo
horrible
estupendo
absurdo
injusto
natural
necesario
imprescindible
...

– **Es estupendo que ocurran** cosas así.

Excepciones:

- Empleamos el indicativo con adjetivos como *seguro, evidente, obvio, cierto* e *indudable*, puesto que con ellos no se expresa duda.

– **Es evidente que** tú y yo no **pensamos** lo mismo sobre este tema.

6.3.

Es + un/una + sustantivo + que + subjuntivo

un error
una injusticia
una tontería
una vergüenza
una buena idea
...

– **Es una buena idea que** el ayuntamiento **fomente** el uso del transporte público, porque...

6.4. Cuando valoramos hechos y situaciones, y no especificamos quién realiza la acción valorada, utilizamos el infinitivo.

– Yo pienso que **es absurdo hacer** todo eso. [No se especifica el sujeto.]

– Yo pienso que **es absurdo que hagamos** todo eso. [Nosotros.]

Si valoramos hechos o situaciones del presente o del futuro cronológicos, empleamos el presente de subjuntivo.

– **A mí me parece muy bien que** el ayuntamiento **tome** esas medidas.

Pero si pertenecen al pasado cronológico, usamos el correspondiente tiempo verbal del pasado en subjuntivo.

– **A mí me parece muy bien que** el ayuntamiento **haya tomado** esas medidas.

7 Condiciones

7.1. CONDICIONES QUE SE REFIEREN AL PRESENTE

Para expresar condiciones irreales o de cumplimiento imposible en el presente (no se están produciendo), y sus consecuencias, utilizamos:

Si + pretérito imperfecto de subjuntivo + condicional simple

– **Si estuviera** de vacaciones, **estaría** más relajado. [Ahora no estoy de vacaciones.]

7.2. Para expresar condiciones de cumplimiento poco probable en el futuro, y sus consecuencias:

Si + pretérito imperfecto de subjuntivo + condicional simple

– **Si** me **ofrecieran** un trabajo así, lo **aceptaría** inmediatamente. [Es poco probable que me lo ofrezcan.]

7.3. Para expresar condiciones irreales sobre el pasado y sus consecuencias en el pasado:

Si + pretérito pluscuamperfecto de subjuntivo + condicional compuesto

– **Si hubiera estudiado, habría aprobado**. [No estudió y no aprobó.]

7.4. Para expresar condiciones irreales sobre el pasado y sus consecuencias en el presente:

Si + pretérito pluscuamperfecto de subjuntivo + condicional simple

– **Si hubiera nacido** en Argentina, mi lengua materna **sería** el español. [No nací en Argentina y mi lengua materna no es el español.]

8 Expresar gustos

Me gusta *Me encanta* *Odio* *Detesto*	+ infinitivo (la misma persona)
	que + subjuntivo (diferentes personas)

– **Me encanta hablar** por teléfono con mis amigos.
(a mí)   (yo)

– **Me encanta que** mis amigos me **llamen** por teléfono.
(a mí)   (ellos)

– **Detesto que tomen** decisiones por mí sin contar conmigo.
(yo)   (ellos)

Observa estas construcciones y fíjate en la diferencia que hay entre ellas y las de arriba que llevan subjuntivo.

Me gusta *Me encanta*	*la gente que* + indicativo
Odio *Detesto*	*a la gente que* + indicativo

– **Me gusta la gente que hace** reír a los demás.

– **Detesto a la gente que** solo **habla** de sí misma.

9 Deseos

9.1. EXPRESAR DESEOS POSIBLES O IMPOSIBLES

Me *Te* *Le* *Nos* *Os* *Les*	*gustaría*	+ infinitivo
	encantaría	*que* + pretérito imperfecto de subjuntivo

– **Me gustaría tener** más tiempo libre para poder hacer lo que realmente me gusta.

– **Me encantaría que** mis vecinos **fueran** más abiertos.

9.2. EXPRESAR DESEOS DE IMPROBABLE CUMPLIMIENTO EN EL FUTURO

¡Ojalá/Quién + pretérito imperfecto de subjuntivo!

– **¡Ojalá aprobara** esas oposiciones tan difíciles!

– **¡Quién aprobara** esas oposiciones tan difíciles!

9.3. También empleamos las construcciones de 9.2. para expresar deseos de cumplimiento imposible en el presente [no se están realizando/cumpliendo].

– **¡Quién estuviera** ahora en la playa, tomando el sol y leyendo tranquilamente!

Observaciones:

- Es muy frecuente el uso de *¡quién...!* con el pretérito imperfecto de subjuntivo de los verbos *saber* y *poder*.

  – **¡Quién supiera** japonés!

  – **¡Quién pudiera** trabajar contigo y hacer todas estas cosas tan interesantes!

10 Sentimientos

10.1. ALEGRÍA O SATISFACCIÓN

Cuando expresamos alegría o satisfacción por algo, podemos utilizar:

Me alegro (mucho) de *Me alegra (mucho)*	+ infinitivo (la misma persona)
Me da mucha alegría	*que* + subjuntivo (distintas personas)

– **Me alegro mucho de verte**. Tenía unas ganas...
  (yo)　　　　　　　(yo)

– **Me alegro muchísimo de que hayas aprobado.**
  (yo)　　　　　　　　　　　　(tú)

¡Qué bien *¡Cuánto me alegro de* *	*que* + subjuntivo!

– **¡Qué bien que hayas aprobado** todo! Así, tendrás todo el verano libre.

* También puede usarse con infinitivo: ***¡Cuánto me alegro*** de estar contigo!

10.2. PENA, LÁSTIMA O TRISTEZA

10.2.1. Para expresar pena, lástima o tristeza por algo:

Me da *Es una*	*pena* *lástima*	*(no)* + infinitivo *que* + subjuntivo

– **Me da mucha pena que le haya pasado** eso a Hugo.

– **Es una lástima no poder** hacer nada por ella.

¡Qué	*pena* *lástima*	*(no)* + infinitivo! *que* + subjuntivo!

– **¡Qué pena no verte** ayer!

– **¡Qué lástima que no vinieras** ayer!

Siento *Lamento*	*(no)* + infinitivo *que* + subjuntivo

– **Siento** mucho que **haya ocurrido** esto.

– **Lamento** no **poder** acompañarte.

¡Cómo *¡Cuánto*	*siento* *lamento*	*(no)* + infinitivo *(que)* + subjuntivo

– **¡Cómo siento** no **poder** ir contigo!

– **¡Cuánto siento** que **pasara** eso!

10.2.2. Además, es frecuente mencionar el motivo por el cual sentimos pena, lástima o tristeza. Para hacerlo, podemos emplear estas construcciones:

Con lo que + verbo en indicativo

– Me da mucha pena que haya suspendido. **Con lo que había estudiado**... [= porque había estudiado mucho.]

Con lo	+ adjetivo/adverbio	+ *que*	+ verbo en indicativo

– Siento que haya ocurrido eso. **Con lo ilusionados que estabais todos**... [= porque estabais muy ilusionados todos.]

– **¡Qué lástima que no vinieras a la cena! Con lo bien que nos lo pasamos**... [= porque nos lo pasamos muy bien.]

| Con | el/la/los/las | + sustantivo + *que* + verbo en indicativo |

– ¡Qué pena no poder pasar este fin de semana juntos! **Con las ganas que tenía de verte...** [= porque tenía muchas ganas de verte.]

10.3. INDIFERENCIA

Cuando mostramos indiferencia podemos emplear:

Me da igual / lo mismo	+ infinitivo
No me importa (nada)	
Me es indiferente	*que* + subjuntivo

– Pues, la verdad, **hoy me da igual salir o quedarme** en casa.

– **A mí me da lo mismo que gane** un equipo u otro, ¿y a ti?

• **A mí** también **me da igual; me es** completamente **indiferente que gane** uno u otro.

– **No me importa que llegues** tarde, pero quiero saber a qué hora vas a volver.

10.4. EXTRAÑEZA Y PREOCUPACIÓN

10.4.1. Para expresar una reacción espontánea de extrañeza y preocupación ante un hecho o una información inesperados:

| ¡Qué | raro/extraño | que + subjuntivo! |

– **¡Qué raro que se hayan separado** Olga y Eduardo! ¿No? Si[*] parecía que se llevaban muy bien...

– **¡Qué extraño que no nos llamara** Elisa ayer! Si[*] nos había dicho que nos telefonearía...

[*] Empleamos *si* en estas construcciones para introducir un argumento que justifica el motivo de nuestra sorpresa o preocupación.

10.4.2. Cuando expresamos extrañeza y preocupación es muy frecuente tratar de dar una explicación a lo sucedido. Para ello, solemos formular hipótesis sobre el presente o sobre el pasado, y podemos utilizar:

1. Adverbios y expresiones como *quizá(s)*, *probablemente*, *puede (ser) que*, *seguro que*, *me imagino que*, *igual*, *a lo mejor*, etc.

   – ¡Qué raro que todavía no haya llamado Susana! ¿Le habrá pasado algo?

   • ¡Bah! No, hombre, no. **Seguro que** se le **ha olvidado**; ya sabes cómo es.

   – O **igual hay** problemas de tráfico y no **ha llegado** todavía a casa.

2. El futuro simple y el futuro compuesto.

   – ¡Qué raro que todavía no haya llamado Susana! ¿Le **habrá pasado** algo?

   • ¡Bah! No, hombre, no. Se le **habrá olvidado**; ya sabes cómo es.

3. El condicional simple y el condicional compuesto.

   – ¡Qué extraño que María no fuera a la fiesta ayer! ¿No?

   • Pues sí, pero yo me imagino que no **iría** porque no la **habrían invitado**.

Por último, fíjate en este cuadro de equivalencias verbales:

Estamos seguros de la información	**La información nos parece probable**
Presente (*viene*)	Futuro simple (*vendrá*)
Pretérito perfecto (*ha venido*)	Futuro compuesto (*habrá venido*)
Pretérito indefinido (*vino*) Pretérito imperfecto (*venía*)	Condicional simple (*vendría*)
Pretérito pluscuamperfecto (*había venido*)	Condicional compuesto (*habría venido*)
– **Se acostó** tan pronto porque **estaba** cansado.	– **Se acostaría** tan pronto porque **estaría** cansado.

10.5. PREOCUPACIÓN

Para referirnos a lo que nos causa preocupación, podemos utilizar también:

| Me preocupa | + infinitivo |
| | que + subjuntivo |

– **Me preocupa no poder** hacer nada para solucionar el problema.

– **Me preocupa que sigan** destruyendo los bosques.

10.6. FASTIDIO O MOLESTIA

Para expresar fastidio o molestia podemos emplear:

| Me molesta
Me fastidia
Me horroriza | + infinitivo |
| No soporto
No aguanto | que + subjuntivo |

– **Me molesta oírte** siempre las mismas excusas.

– **Me molesta que pongas** siempre las mismas excusas.

Observa estas construcciones y fíjate en la diferencia existente entre ellas y las de arriba que llevan subjuntivo.

| Me molesta
Me fastidia
Me horroriza | la gente que + indicativo |
| No soporto
No aguanto | a la gente que + indicativo |

– **Me horroriza la gente que** solo **piensa** en sí misma.

– **No aguanto a la gente que dice** muchas mentiras.

11 Formación de palabras

11.1. SUFIJOS

11.1.1. Fíjate en estos sustantivos que sirven para hablar de ecología. Cada uno de ellos se puede formar a partir de un verbo.

-ción		-cción	-sión	-aje	-miento
contaminación	degradación	protección	agresión	reciclaje	envenenamiento
prevención	intoxicación	producción	emisión		calentamiento
extinción	conservación	destrucción			
salvación	deforestación	reducción			
repoblación	recuperación				
desertización					

Observaciones:

• Las palabras terminadas en -ión son de género femenino, agudas y van acentuadas.

– La **contaminación** del aire es un serio problema en muchas ciudades.

11.1.2. Estos sustantivos los podemos utilizar para hablar del carácter de una persona. La mayoría de ellos se forman a partir de un adjetivo [ingenuo → ingenuidad].

-dad		-cia	-ez	-ía	-ción
espontaneidad	humildad	imprudencia	inmadurez	valentía	ambición
ingenuidad	sensibilidad	impaciencia	sencillez	ironía	imaginación
irresponsabilidad	sinceridad	injusticia	honradez	hipocresía	educación
superficialidad	fidelidad		timidez	cobardía	exageración

Observaciones:

• Los sustantivos que tienen esas terminaciones suelen ser femeninos.

– ¿Qué es lo que más valoras en una persona?

• **La sinceridad**, sin duda.

• Los sustantivos terminados en -cia no van acentuados: ~~la impaciencia~~ - la impaciencia; pero sí llevan acento gráfico otros que acaban en -ía sin formar un diptongo: cobardía, ironía, hipocresía, valentía.

11.2. PREFIJOS

Podemos emplear el prefijo *in-* para formar palabras de significado contrario.

maduro → **in**maduro; madurez → **in**madurez

El prefijo *in-* puede tomar las siguientes formas:

- *im-* ante *p* o *b*
  prudente → **im**prudente; bebible → **im**bebible; prudencia → **im**prudencia
- *i-* ante *l*
  legal → **i**legal; legalidad → **i**legalidad
- *ir-* ante *r*
  responsable → **ir**responsable; responsabilidad → **ir**responsabilidad

12 Marcadores del discurso. Conectores

Los conectores sirven para expresar la relación existente entre las ideas de un texto. Además, ayudan a entender y a predecir las informaciones que aparecen en él, y le dan cohesión.
He aquí algunos de los tratados en este curso. Fíjate en el tipo de relación que permite expresar cada uno de ellos.
Lee estos ejemplos y observa dónde va cada conector y la puntuación:

Ordenar ideas	Causa	Consecuencia	Oposición	Añadir ideas	Resumen o conclusión
por una/otra parte por un/otro lado en primer/segundo/... lugar a continuación por último finalmente	puesto que porque ya que a causa de (que) debido a (que) dado (que) como pues	por eso por (lo) tanto consecuentemente entonces	pero sin embargo aunque a pesar de (que)	también además asimismo igualmente	en resumen en conclusión para concluir por todo ello

12.1. ORDENAR IDEAS

– **En primer lugar**, se trata de una energía limpia que no contamina. **En segundo lugar**, es muy barata...

12.2. CAUSA

12.2.1. Información + conector + causa.

– Últimamente, en esta ciudad hay menos problemas de tráfico **porque / debido a que / a causa de que** se utilizan más los transportes públicos.

12.2.2. Conector + causa + información.

– **Como** se utilizan más los transportes públicos, hay menos problemas de tráfico.

12.2.3. *Puesto que, dado que y ya que* pueden ser incluidos en las construcciones de 12.2.1. y 12.2.2., aunque aparecen más frecuentemente en la primera.

– Los transportes públicos se utilizan cada vez más, **puesto que / ya que / dado que** son cada vez más cómodos.

12.2.4. *A causa de y debido a* pueden combinarse con sustantivos.

– El nivel del mar puede ir subiendo poco a poco, **debido al / a causa del** calentamiento global del planeta.

12.2.5. *Dado-a-os-as* + artículo + sustantivo.

– **Dados los problemas** existentes, es conveniente paralizar las obras.

– **Dadas las dificultades** que han surgido, es conveniente paralizar las obras.

12.3. CONSECUENCIA

– La gente es cada vez más sensible a los problemas ecológicos; **por eso**, hace cada vez más cosas en defensa de la naturaleza.

– Cada vez hay más coches; **por lo tanto**, los problemas de aparcamiento están aumentando.

12.4. OPOSICIÓN

– Todo el mundo está en contra del proyecto; **sin embargo**, el ayuntamiento no tiene la intención de paralizar las obras.

– **Aunque / a pesar de que** todo el mundo está en contra del proyecto, el ayuntamiento no tiene la intención de paralizar las obras.

Observaciones:

• *A pesar de que* sirve para expresar un mayor contraste entre las dos informaciones.

• *A pesar de* puede ir seguido de un sustantivo o de un verbo en infinitivo.

  – El ayuntamiento va a construir el aparcamiento, **a pesar de** la oposición de los vecinos.

  – El ayuntamiento va a construir el aparcamiento, **a pesar de** conocer la opinión de los vecinos.

• *Aunque y a pesar de que* pueden ir seguidos de un verbo en subjuntivo:

  1. Cuando la información que introducen se refiere al futuro y tiene un sentido hipotético.

    – Yo creo que el problema seguirá existiendo, **aunque / a pesar de que** se tomen esas medidas.

  2. Cuando introducen información que ya conoce el interlocutor (o pensamos que ya la conoce).

    – Es una ciudad muy interesante, **aunque / a pesar de que** esté tan contaminada.

12.5. AÑADIR IDEAS

– Es un proyecto original, moderno y muy ambicioso. **Además**, ha sido apoyado por todos los partidos políticos.

– En la reunión se comentaron las medidas que va a aplicar la Administración pública para resolver el problema. **Asimismo, se habló / Se habló, asimismo**, de lo que pueden hacer los ciudadanos.

12.6. RESUMEN O CONCLUSIÓN

– **En resumen**, la idea de prohibir el tráfico en esas calles nos parece muy acertada porque habrá menos contaminación y dispondremos de más espacio para caminar.

– **Para concluir**, nos parece una buena idea y la apoyaremos para conseguir que sea aprobada por el ayuntamiento.

13 Finalidad

Para expresar la finalidad de algo podemos emplear:

para *con el objeto de* *el objetivo de... es*	+ infinitivo
	que + subjuntivo

– Las empresas hacen tanta publicidad **para que la gente compre** sus productos.

– **El objetivo de esa campaña** publicitaria es **que la gente conduzca** mejor.

14 Construcciones pasivas

14.1. SER + PARTICIPIO PASADO

– La primera edición de *El Quijote* **fue publicada** en el año 1605.

14.2. SER + VERBO EN 3ª PERSONA + SUSTANTIVO

– Actualmente **se hace** mucha **publicidad** comercial.

– Ahora **se hacen** más **anuncios publicitarios** que antes.

14.3. SUSTANTIVO + PRONOMBRE DE OBJETO DIRECTO + VERBO EN 3ª PERSONA

– **La publicidad comercial la hacen** para que la gente descubra productos y los compre.

– **Estos anuncios los entiende** todo el mundo, incluso los niños.

Observaciones:

- Es muy frecuente el uso de la construcción 14.2. tanto en la lengua hablada como en la escrita. La 14.3. es propia de la lengua hablada. La estructura 14.1. se emplea sobre todo para transmitir informaciones de carácter histórico y en el lenguaje periodístico.

15 Pronombres de objeto indirecto (OI) y de objeto directo (OD)

Cuando combinamos estos pronombres, el de OI va siempre primero y se produce un cambio: sustituimos *le* y *les* por *se*.

1	2
OI	**OD**
me	
te	lo
le	la
nos	los
os	las
les	

le/les + *lo* → *se lo*

le/les + *la* → *se la*

le/les + *los* → *se los*

le/les + *las* → *se las*

Estos pronombres van delante del verbo si está conjugado, excepto en el caso del imperativo afirmativo.

– ¿Ya le has dado las fotos a Miriam? • **Se las envié** ayer por correo.

– Voy a contarte una cosa, pero **no se la digas** a Enrique, ¿eh?

– No sé qué hacer con este cuadro; la verdad es que no me gusta mucho. • Pues **regálaselo** a tu hermana, que le encanta.

Con las perífrasis de infinitivo y de gerundio existen dos posibilidades:

1. Podemos colocarlos detrás del infinitivo o del gerundio, formando una sola palabra.

– ¿Cuándo **vas a decírselo**? – Oye, ¿Claudia tiene el carné de conducir?

  • No, precisamente **está sacándoselo** ahora.

2. Pueden ir delante del verbo que precede al infinitivo o al gerundio (*ir, estar,* etc.).

– ¿Cuándo **se lo vas a decir**? – Oye, ¿Claudia tiene el carné de conducir?

  • No, precisamente **se lo está sacando** ahora.

16 Aparición y desaparición de ideas

Para referirnos a la aparición repentina de una idea, podemos emplear la expresión *ocurrírsele algo a alguien*.

Se	me te le	*ha ocurrido* *ocurre* ...	*una idea/cosa...* que + verbo en indicativo... + infinitivo...
	nos os les	*han ocurrido* *ocurren* ...	*unas ideas/cosas...*

– **Se me ha ocurrido una cosa**: podemos invitar a Laura a cenar esta noche.

– **Se me ha ocurrido que podemos** invitar a Laura a cenar esta noche.

– ¿Cómo **se te ocurrió hacer** eso?

• No sé, **se me ocurrió** de repente.

– **¿A quién se le ha ocurrido esta idea** tan buena?

– **A Ubaldo se le ocurren unas ideas** muy originales, ¿verdad?

La expresión *olvidársele algo a alguien* funciona igual y se utiliza mucho con un verbo en infinitivo.

    – ¡Ay! **Se me ha olvidado comprar** el periódico.

En cambio, su funcionamiento es diferente al de *olvidarse de algo*.

    – ¡Ay! **Me he olvidado de** comprar el periódico.

    – Ayer **te olvidaste** de llamarme, ¿eh?

    • No **me olvidé**, no; lo que pasó fue que volví a casa muy tarde y no quise molestarte.

17   *Por - para*

17.1. POR

ALGUNOS USOS:

• 'A favor de o en defensa de':	– Es una persona que ha luchado toda su vida **por una sociedad más justa**.
• 'En sustitución de o en lugar de':	– ¿Te importa ir **por mí** a la inauguración? Es que yo no voy a poder ir.
• Separación de los elementos de una serie:	– Os recibiré **uno por uno**.
• 'A cambio de' (o precio):	– Al final me compré un cuadro **por cuatrocientos euros**.
• Para expresar que la acción no está realizada, que está pendiente de realizarse (*estar + por + infinitivo*):	– Realmente, estamos empezando ahora; casi todo **está por hacer** aún.
• Falta de utilidad de una acción:	
1. Infinitivo + *por* + el mismo infinitivo:	– Eso es **hablar por hablar** y así no vais a conseguir nada.
2. Verbo + *por* + infinitivo de ese verbo:	– **No hables por hablar**, que es un asunto muy complicado.
• No poner obstáculos:	– **Por mí**, puedes volver a la hora que quieras.
• Para expresar que una cantidad se reparte de manera igualitaria:	– Son **quince euros por persona**.
• Ausencia de riesgo (*por* + infinitivo):	– **Por intentarlo** no pierdes nada.
• 'En busca de' (verbo de movimiento + *por* + sustantivo):	– **Voy por** agua.

17.2. PARA

ALGUNOS USOS:

• Introducir una opinión:	– **Para mí**, la publicidad no es tan negativa como dices.
• Para indicar tiempo futuro:	– **Para Semana Santa** creo que me iré unos días a la playa. / La obra estará acabada **para cuando vuelvas de vacaciones**.
• Comparación o desproporción:	– **Está altísima para la edad que tiene**.
• Necesidad o conveniencia de algo (*estar para*):	– Este coche **está para llevarlo al taller**.
• Inoportunidad o inconveniencia de algo (*no estar para*):	– Lo siento, pero hoy **no estoy para bromas**.

18   Matizar una opinión

Cuando matizamos o aclaramos una opinión añadiendo información o modificando lo dicho anteriormente, podemos utilizar:

No es que + subjuntivo,	*sino/es*	*que* + indicativo

– **No es que esté** en contra de la publicidad, **sino que considero** que se utiliza mal.

– **No es que haya dicho** eso, **es que** usted no me **ha entendido**.

19 Contraste imperfecto - indefinido (repaso)

19.1. Describir la situación o las circunstancias en las que se produjeron ciertos hechos pasados.

— Ayer **nos encontramos** a Laura en la calle cuando **volvíamos** a casa.

Imperfecto (*volvíamos*): referencia a las circunstancias, a la situación.

Indefinido (*nos encontramos*): referencia a los hechos o acontecimientos.

Es frecuente el uso del imperfecto de *estar* + gerundio para referirse a una acción en desarrollo.

— **Estábamos comiendo** cuando **llegaron**.

En los ejemplos anteriores el imperfecto sirve para expresar una acción que se estaba realizando en cierto momento del pasado; eso significa que la acción había comenzado antes y siguió realizándose después.

— **Estábamos jugando** cuando **llegaron**.

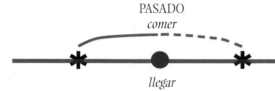

19.2. Podemos utilizar el indefinido para narrar hechos pasados o referirnos a una sucesión de acciones pasadas: primero tuvo lugar una y, después, otra.

— **Comimos** cuando **llegaron**.

19.3. Para referirnos a una acción inminente que no llegó a realizarse en el momento del que hablamos, podemos utilizar:

Imperfecto de	ir + a querer estar a punto de	+ infinitivo

— Cuando **estaba a punto de salir**, vino Blanca y, entonces, me contó todo.

— **Íbamos a ir** en mi coche, pero a última hora se estropeó y tomamos el tren.

19.4. Hablar de dos acciones pasadas que se desarrollan simultáneamente: imperfecto.

— Mientras Marta **planchaba** la ropa, su marido **hacía** la cena.

19.5. Para especificar el número de veces que se realizó una acción: indefinido.

— El año pasado **fui tres veces** a México.

19.6. Para especificar la duración de una actividad pasada: indefinido.

— La charla **duró más de dos horas**: empezó a las tres y acabó a las cinco y diez.

20 Estilo indirecto

20.1. CAMBIOS QUE SE PRODUCEN

Cuando referimos las informaciones dichas anteriormente por nosotros o por otra persona, mantenemos su sentido pero adaptamos las palabras a la nueva situación de comunicación. Realizamos unos cambios que afectan no solo a los tiempos verbales, sino también a otras palabras, entre las que podemos citar:

- Los sujetos (*yo, él, ella*, etc.)
- Las referencias temporales (*hoy, ayer*, etc.)
- Las referencias espaciales (*aquí, ahí, allí*, etc.)
- Los posesivos (*mi, mío, tu, tuyo*, etc.)
- Los demostrativos (*este, ese*, etc.)
- Ciertos verbos cuyo significado tiene relación con el espacio (*ir, venir, llevar, traer*, etc.)

Las transformaciones verbales pueden producirse en diversos casos. He aquí algunos:

1. Cuando las referencias temporales han variado y no relacionamos la información con el presente:
   "Hoy me ha ocurrido una cosa muy extraña." → **Me dijo que ayer le ocurrió** una cosa muy extraña.

2. Cuando las referencias temporales no han variado y no relacionamos la información con el presente:
   "Estoy muy ilusionada con ese proyecto." → **Dijo que estaba** muy ilusionada con ese proyecto.
   Sin embargo, si relacionamos esa información con el presente, no hacemos ninguna transformación verbal:
   Dijo que está muy ilusionada con ese proyecto.

3. Cuando las referencias temporales no han variado, pero queremos resaltar que estamos refiriendo lo dicho por otra persona: "Hoy tengo que hacer muchas cosas." → **Me ha dicho que** hoy **tenía** que hacer muchas cosas. / "Pronto os haré una visita." → **Me dijo que** pronto **nos haría** una visita.

Observa este cuadro de correspondencias de tiempos verbales:

Estilo directo	**Estilo indirecto** *(Dijo / Ha dicho / decía que...)*	**Ejemplos**
Presente	Imperfecto Presente	"Estoy contentísimo." → **Dijo que estaba** contentísimo. / **Dijo que está** contentísimo.
Perfecto	Pluscuamperfecto Indefinido* Perfecto	"He comido con Elsa." → **Me dijo que había comido** con Elsa. / **Me dijo que ayer comió** con Elsa. / **Me dijo que ha comido** con Elsa.
Indefinido	Pluscuamperfecto Indefinido*	"Vine con Adolfo." → **Me dijo que había venido** con Adolfo. / **Me dijo que el martes vino** con Adolfo.
Imperfecto	Imperfecto	"Cuando llegué estaba cansadísima." → **Me dijo que** cuando llegó **estaba** cansadísima.
Pluscuamperfecto	Pluscuamperfecto	"No había estado aquí nunca." → **Dijo que** no **había estado** aquí nunca.
Futuro simple	Condicional simple Futuro simple	"Te escribiré pronto." → **Me dijo que** me **escribiría** pronto. / **Me dijo que** me **escribirá** pronto.
Futuro compuesto	Condicional compuesto Futuro compuesto	"En junio ya habré acabado." → **Dijo que** en junio ya **habría acabado**. / **Dijo que** en junio ya **habrá acabado**.
Condicional simple	Condicional simple Condicional compuesto	"Yo hablaría otra vez con Marta." → **Me dijo que él hablaría** otra vez con Marta. / **Me dijo que él habría hablado** otra vez con Marta.
Condicional compuesto	Condicional compuesto	"Yo no habría hecho eso." → **Dijo que él no habría hecho** eso.
Imperativo	Presente de subjuntivo Imperfecto de subjuntivo	"Pregúntaselo a Antonio." → **Me dijo que** se lo **pregunte** a Antonio. / **Me dijo que** se lo **preguntara** a Antonio.

* Podemos especificar una fecha.

20.2. VERBOS UTILIZADOS

Al contar lo dicho anteriormente por otro, interpretamos la intención de esa persona y empleamos verbos que nos permiten expresar lo que hemos interpretado (peticiones, consejos, propuestas, sugerencias, órdenes, etc.):

pedir/aconsejar/proponer/sugerir/ordenar/decir/mandar/exigir/...	*que* + subjuntivo

– "¿Puedes/Podrías traer mañana una canción de América Latina a clase?" / "Por favor, trae mañana una canción de América Latina a clase." → Ayer **me pidió** la profesora **que trajera** una canción de América Latina a clase.

También es frecuente el uso de sinónimos de *decir: comentar, explicar*, etc. Las informaciones de carácter periodístico podemos introducirlas con *declarar, manifestar, afirmar, confesar*, etc. Además, empleamos ciertos verbos para dar coherencia a nuestro discurso: *añadir, agregar*, etc.:

"Si ganamos, bajaremos los impuestos. Lógicamente eso beneficiará a todos." → El presidente de mi país **afirmó** en la última campaña electoral **que si ganaban, bajarían** los impuestos. **Añadió que**, lógicamente, eso **beneficiaría** a todos.

21 *Ser - estar*

21.1. EXPRESAR SENTIMIENTOS Y ESTADOS DE ÁNIMO

ser

ser/resultar + adjetivo terminado en *-ante, -ente* o *-iente*

Entre estos adjetivos, derivados de verbos que empleamos para referirnos a sentimientos y estados de ánimo, podemos citar: *preocupante, frustrante, deprimente, hiriente*, etc.

– **¡Es alucinante** que digas eso! ¡Parece mentira!

– **A mí me resulta muy estimulante** tener la sensación de que descubro cosas nuevas.

estar

estar/sentirse/encontrarse + participio pasado

Con esta estructura, cuyos participios pasados suelen corresponder a los verbos a los que se ha hecho referencia arriba, podemos expresar estados de ánimo.

– Me da la impresión de que Emilio **está un poco deprimido** hoy.

También podemos hablar de sentimientos y estados físicos o anímicos empleando estas expresiones:

	a	gusto/disgusto
	de	broma / buen/mal humor
Estar	en	forma / baja forma / tensión
	hasta	las narices
	hecho/a polvo	
No estar para bromas		

– No sé por qué, pero hoy **estoy de muy buen humor.**

21.2. Hay adjetivos que tienen un significado diferente según se combinen con *ser* o con *estar*. He aquí varios ejemplos (en algunos se especifican solo algunos de sus significados).

21.2.1. Adjetivos para hablar de personas.

	Significado	
	Con *ser*	**Con *estar***
interesado	egoísta	que tiene interés en algo
atento	amable, cortés	estar con la atención fija en algo
vivo	astuto	lo contrario de muerto
delicado	respetuoso, fino, sensible	mal de salud

– ¡Qué **interesado es** Javier!

• ¡Ya lo creo! Solo hace las cosas que cree que le van a dar algún beneficio.

– Tú **estás** muy **interesado** en el cine, ¿verdad?

• Sí, y cada vez más.

– Hoy **he estado** muy **atento** en clase; es que era muy interesante.

– Me encanta que tu padre **sea** tan **atento**; es un anfitrión perfecto.

21.2.2. Adjetivos para describir personas y cosas.

	Significado	
	Con *ser*	**Con *estar***
rico	que tiene mucho dinero/simpático, agradable	sabroso
listo	inteligente	preparado
salado	gracioso	que tiene más sal de la necesaria
soso	sin gracia	que no tiene sal o tiene muy poca/que tiene menos sabor del deseable
verde	ecologista/obsceno	inexperto y poco preparado/que no está maduro

– ¡Qué **salada es** Rita! ¡Mira que tiene gracia!

– ¡Qué **salado está** este filete! Se han pasado con la sal.

– Pero ¡qué inteligente es esta niña!

• ¡Huy! Sí, sí; **es listísima**.

– ¿Ya **estás listo**, Tomás?

• Sí; cuando quieras, salimos.

Sentimientos y cambios de estado de ánimo

Para hablar de sentimientos y cambios de estado de ánimo, podemos emplear estas construcciones:

Me pone	nervioso/a; enfermo/a; de buen/mal humor; histérico/a	+ infinitivo (la misma persona)
Me da	vergüenza/miedo/pena/lástima/igual	*que* + subjuntivo (diferentes personas)
Me hace	gracia/ilusión	

– ¿No **te pone de buen humor empezar** el día con una buena noticia?
    (a ti)   (tú)

– **Me da mucha vergüenza que hablen** de mí en mi presencia.
    (a mí)   (ellos)

Observaciones:

• La frase introducida con infinitivo también puede ir delante de las expresiones citadas.

– ¿**Empezar el día con una buena noticia** no te pone de buen humor?

• El verbo *poner* puede utilizarse también de forma reflexiva para expresar sentimientos y cambios de estado de ánimo.

– ~~Me pone nervioso~~ / **Me pongo nervioso** cuando suena el teléfono y no contestan.

Lo mismo sucede con otros verbos reflexivos que también sirven para hablar de sentimientos: *alegrarse, sorprenderse, preocuparse*, etc.

– **Yo me alegro** mucho cuando les van bien las cosas a mis amigos.

Cuanto más / menos..., más / menos...

Para referirse al efecto positivo o negativo que tiene, de forma proporcional, una acción sobre otra:

Cuanto más/menos + verbo, + *más/menos* + verbo

– **Cuanto más** te concentres, **más** rendirás.

– **Cuanto más** te concentres, **menos** perderás el tiempo.

23.1. En estas construcciones podemos incluir:

1. Sustantivos: en este caso, *cuanto* concuerda con el sustantivo en género y número (*cuanto, cuanta, cuantos y cuantas*): ***Cuantas más canciones*** escuches, ***más palabras*** aprenderás.

2. Adjetivos: ***Cuanto más simpática*** eres, ***más amigas*** tienes.

3. Adverbios: ***Cuanto antes*** lo hagas, ***mejor***.

En los casos 2 y 3, *cuanto* permanece invariable.

23.2. Cuando hablamos de acciones pasadas o presentes, utilizamos el indicativo.

– Yo, en aquella época, **cuanto más viajaba, más amigos tenía.**

– **Cuanto más trabajo, menos duermo.**

Pero cuando nos referimos a acciones futuras, empleamos el subjuntivo. Observa la correspondencia entre el presente de subjuntivo y el futuro simple.

– Cuanto más nerviosa **estés**, más errores **cometerás** en tu trabajo.

24 Quejas y reclamaciones

24.1. Cuando presentamos una queja o hacemos una reclamación, solemos emplear una serie de palabras o expresiones que sirven para atraer la atención de nuestro interlocutor. Además, decimos esas palabras y el resto de la información con un tono suave y amable, tratando de no ser bruscos, agresivos u ofensivos con esa persona.

Oiga, perdone, pero es que Oiga, mire, es que Mire, perdone, pero creo que	+ descripción del problema

– **Oiga, perdone, pero es que** hemos pedido hace mucho rato y todavía no nos han traído nada.

– **Oiga, mire, es que** reservamos una habitación doble y nos han dado una individual.

24.2. Otras veces reaccionamos de manera espontánea cuando comprobamos que hemos recibido un mal servicio o que no hemos recibido el servicio solicitado. En esos casos mostramos sorpresa, incredulidad, enfado, etc. y mencionamos el motivo; es frecuente utilizar *si* y *con...* para introducir argumentos que justifiquen nuestra reacción.

¡No puede ser ¡Es una falta de seriedad	+ *que* + subjuntivo!	*Si* + indicativo			
Pero ¿cómo es posible que + subjuntivo?		*Con*	*lo* *el/la/los/las*	adjetivo/adverbio/ø sustantivo	*que* + indicativo

– **¡No puede ser que no haya** aire acondicionado! ¡**Si** en la agencia nos **dijeron** que había en todas las habitaciones!

– **Pero ¿cómo es posible que no haya** secador? **Con lo caro que es** este hotel... / **Con lo que hemos pagado**... / **Con el dinero que hemos pagado**...

25 Expresar arrepentimiento

Para expresar arrepentimiento por algo que hemos hecho podemos utilizar:

(No) Debería / (No) Tenía que	*haber* + participio pasado

– **No debería haber asistido** a esa reunión, pero como me habían dicho que era importante...

Y también podemos emplear estas construcciones con presente de indicativo:

Si + presente de indicativo, (+ *no*) + presente de indicativo
Si + presente de indicativo de *llegar* + *a* + infinitivo, (+ *no*) + presente de indicativo

– ¡Uf! ¡Qué calor! **Si lo sé, me quedo** en casa. [Si lo hubiera sabido, me habría quedado en casa.]

– **Si llego a enterarme** de eso, **no me lo compro.** [Si me hubiera enterado de eso, no me lo habría comprado.]